U0429369

走出原生家庭创伤

Healing Attachment Wounds

朵拉陈 著

机械工业出版社
CHINA MACHINE PRESS

图书在版编目（CIP）数据

走出原生家庭创伤 / 朵拉陈著. —北京：机械工业出版社，2018.9（2024.6 重印）

ISBN 978-7-111-60913-1

I. 走… II. 朵… III. 家庭关系 – 研究 IV. C913.11

中国版本图书馆 CIP 数据核字（2018）第 210989 号

　　本书从心理学中创伤研究和家庭系统理论的视角，探讨了原生家庭对成年子女的影响、家庭成长周期的变化、家庭中权力结构的变化等，为你剖析原生家庭创伤的根源。同时，通过阐述愈合原生家庭之伤的过程，告诉你：怎样走出原生家庭创伤，重新书写自己的人生故事；怎样理解家庭中的边界，探索最合适的相处模式；怎样找到一个亲密伴侣，建立健康的依恋关系；怎样成为更好的父母，为孩子创造健康快乐的成长环境。

走出原生家庭创伤

出版发行：机械工业出版社（北京市西城区百万庄大街 22 号　邮政编码：100037）
责任编辑：姜　帆
责任校对：殷　虹
印　　刷：北京建宏印刷有限公司
版　　次：2024 年 6 月第 1 版第 9 次印刷
开　　本：147mm×210mm　1/32
印　　张：8.125
书　　号：ISBN 978-7-111-60913-1
定　　价：59.00 元

客服电话：（010）88361066　88379833　68326294

版权所有·侵权必究
封底无防伪标均为盗版

特别感谢我的伴侣昊，
感谢我们 8 年多来的相伴与支持，
感谢你带给我的爱情、友情和亲情，
感谢我们共同创造的家庭。

推荐序一

几个月前,我在自己的工作中遇到了一个很大的咨询困境,下班后我联系朵拉,向她寻求支持,一股脑向她倾吐了我心中的困惑和挫败。对于我来说,朵拉不仅是同行,也是我情如姐妹的同道旅人,我们对人生价值,对生活的意义都有很多彼此认同的想法和感知。她耐心倾听之后,给了我非常中肯的反馈和有益的视角,并提醒我道:"无论如何,你还是得去帮她找到真我啊!"

朵拉对真我的执着,对人自身力量的笃信,是我们在专业工作中彼此深度认同的基础。一个活出真我的人是真诚的,这份真诚也流淌于此书的创作中。在东方文化语境下,探讨原生家庭的缺陷,直面成长创伤的伤害,探讨毒性权威的根源,是一个庞大又艰巨的工程。这种探讨，也往往因为当事人自身所背负的伤害印痕，很容易进入两极化：放眼当代社会的多数原生家庭论调，要不麻木无视，要不偏激抨击，能做到平和理解、包容接纳，并将成长责任勇敢地承担于自我之上，绝非易事。

身为朋友，我知道朵拉在自我疗愈路上也常常和这两极化的体验共存，但在此书的创作中，朵拉从始至终都维持了理性，不断赋权给读者，将自己的见解和视角平铺开来，没有面具，没有矫揉造作，在真诚之上不乏力量，读来让我心生感动。阅读此书也会一石激起千层浪，因为作者生动有力的文字将裹挟读者的思绪，带他们回归内心世界的柔软之处。很多真实伤痛或许会因此暴露出来，但好在痛苦本身不可怕，它往往在被理解、被言语化表达后，会让人感到彼此间的陪伴，获得心灵的释放。

探讨原生家庭创伤，恢复真我力量去疗愈和告别，其本质是拿回个体天生拥有的精神自由。一个人可以自由表达痛苦和拒绝，才能真实体验幸福和连接；可以自由追求权利，才能完整承担义务。这让我想起了卢梭曾在《社会契约理论》中写道的"卑鄙的灵魂是绝对不会信任伟大人物的，下贱的奴隶则带着讥讽的神情嘲笑着自由这个名词"。实际上，精神上的自由并非不为奴隶所渴望，而是奴隶的定义就是一个未曾体验到自由的人。一个人无法体验他没接触过的东西，其实质是局限，是人的潜力的浪费。知识可以丰富我们的头脑，而唯有亲身的良好体验才能让人真心信服，奉为自我人生的座右铭。

正因为亲身体验的价值大过完成疗愈的目标，我鼓励读者诚实面对自己所处的阶段。我们每个人和原生家庭的关系都是不断变化的，随着自我的成长，在不同阶段会做出不同的关系解读，拥有不同的心理体验，而处于不同发展阶段的读者，也会对这本书有着不同的理解和感受。

比如在为读者赋权，阐述疗愈原生家庭创伤是我们的基本权利时，朵拉写道："那些劝说我们继续和父母相处下去的'好心人'，不会替代我们去承担与父母相处时的痛苦和折磨，也不会替代我们过充满着压力、恐惧甚至危险的生活。如果因为社会环境的压力，我们忽略了真我的感受，硬着头皮与父母继续相处下去，我们便是在把自己重新推进了危险和痛苦的环境中，以牺牲自己的身心健康为代价去迎合世俗的眼光。我们应当意识到，无论在何种生活环境中，我们都享有为自己人生做出选择的最高权利。"

这样的语句读来让人精神振奋，但读者若是觉得无法体会，则很难认同，这也是真我这个阶段的状态，人的心理成长也不能快进，只有体验之后才会凝结为真知。无论是我对自身成长的反思，还是身为心理咨询师在工作中所获得的观察，都说明了同样的工作，如果在适合的阶段做，常会收获极佳的成长效果。比如一个终于获得独立的生活空间和经济能力的人，开始允许自己体会并表达过往压抑下去的对父母的不满和愤怒，既验证了自我的力量感，确认了自己获取人格独立的可能性，也在足够的心理准备下成功承担起了表达的后果，那么就是极有意义的疗愈工作；反之，若操之过急，无视真我的状态，不仅无法靠近疗愈，还可能造成新的毒性压力和心理伤害。

在疗愈原生家庭创伤这条路上，我们需要做的，就是相信自己和坚定不放弃。要知道当我们在探讨原生家庭的时候，就是在探讨对于每一个生动鲜活的个体来说，他的心理世界是如何构成的。他内心世界里的情绪、想法、信念、规律、惯性等抽象要素，虽看不到摸不着，却在很大程度上决定着个体生活的发展与走向。读这本书也许很辛苦，疗愈原生家庭之伤也许很艰难，但在这条路上，你也将收获精神和人格成长的丰厚回报。

我相信，这本系统全面，既富于专业性又充满同理心的书，将为千千万万曾经遭受过和正在经历着原生家庭创伤的人带来疗愈和希望。愿你开卷有益，读罢也能同我一样，体验到朵拉的真挚情谊所带来的力量，在成长的路上持续前行。

韧心旎

美国心旎性格成长工作室创始人、

首席咨询师（www.creatsdevelopment.com）

推荐序二

作为一个心理学工作者，我深知原生家庭对于个体成长的意义与影响。在 KnowYourself 成立之后，我们推出过很多围绕原生家庭的文章，而原生家庭创伤也是我们在后台最常收到的留言内容之一。在过去三年中，我看到了无数中国家庭经历的困惑与挣扎，而每当阅读这些留言时我都会问自己，我们该如何运用心理学去帮助他们。所以当朵拉告诉我，她准备基于自己执业咨询中遇到的案例和思考，写一本关于科学地与原生家庭和解的书时，我感到由衷地高兴。有更多的专业心理学从业者关注原生家庭，就意味着我们有更多的机会和渠道去直面原生家庭创伤，而越多人直面问题，问题才有可能得到真正的重视和解决。

尤其是在我们的文化语境下，由于"边界感"的集体无意识、传统亲子观念的影响以及教育体系中对于自我认知引导的缺失，可以说在中国很难找到一个完全没有原生家庭之伤的人。同时，随着整体社会观念的提高和大众心理学的逐渐普及，原生家庭作为分析个人成长与个体健康的重要维度不断出现在讨论中。然而从专业心理学的视角来看，我们目前有许多关于原生家庭的讨论已经远离了科学的范畴，既不能指出真正的问题，又无法给出有效的分析与解答。如果原生家庭和原生家庭创伤只成为我们发泄愤怒的目标，那我们终究无法诚实地解决问题。当越来越多的人想了解原生家庭时，我们就需要像《走出原生家庭创伤》这样严谨但并不严肃的心理学读物。这也是我个人喜爱心理学的原因之一，心理学并非是一个目的地，只告诉你现在遇到的一切问题都归咎于原生家庭；心理学是一场探索之旅，她将世界的奥秘逐渐揭示给你看，也教会你认识与接纳世界的方法。就像朵拉在书中所写的"如果你希望在读完本书之后，就能完全摆脱原生家庭之伤带来的阴影，脱胎换骨地变成'理想中的自己'，这是非常不切实际的想法。事实上，没有任何一本书、任何一个人、任何一种治疗方法，能够像灵丹妙药一样，帮助你一蹴而就地完成心愿。个人愈合原生家庭之伤是一段漫长的过程，而不是一个最终的结果。"

心理学是严谨客观的科学，但同时也具有温暖人心的力量。当我越深入学习心理学，就愈发觉得一个心理学工作者对人性保持善意与信任，是一件必须且必要的事情。我想，朵拉也是抱着如此的善意来撰写此书的，将她曾经挣扎于原生家庭的愈合之路与这几年专业的学习和经历相结合，才有了书中每一章的内容与自我疗愈的方法。

对于即将阅读这本书的读者们，希望你们在阅读后能够更坚定地拥抱真实的自己。人活一世，我们拥有的只是此刻，希望你敢于戳穿幻想，也要敢于接纳真实。最后，无论从任何角度来看，阅读这本书和了解自己都会是一次美好的体验。

KnowYourself 创始人钱庄

2018 年 9 月 9 日于上海

序　言

我该怎样摆脱原生家庭的阴影？
已经成年的我应当如何与伤害过我的父母相处？
不健康的原生家庭真的会毁掉我的一生吗？
……

作为一名心理咨询师和心理健康知识科普作者，我时常在咨询工作中、文章评论栏里、网络论坛私信中看到以上类似的问题。近几年来，随着个体意识的觉醒以及心理知识的普及，"原生家庭"成了媒体舆论中的热门词。越来越多的人意识到，自己现有的自我评价、观点态度、人际互动、婚恋关系等，在很大程度上受到了原生家庭的影响。然而，很可惜的是，并不是每个人的原生家庭都始终充满着爱与滋养。许多人从原生家庭中"继承"下来的，不仅是关怀与爱护，还可能是苦涩与伤痛。

读到这些问题以及它们背后的原生家庭故事，我陷入了深深的沉思。这些问题、这些故事，让我有一种似曾相识的感觉。在很长的一段时间里，我也曾这样苦苦追问过他人，期盼有人能够给我答案。经历无数次失望之后，我才猛然发觉，原来所有问题的答案，其实一直都埋藏在自己的心灵深处。只有真诚、真心、真实地对待自己，我才能够拨开创伤带来的迷雾，发掘内心的答案。

因此，我萌生了动笔写下这本书的念头。我希望尽自己的一份力量，陪伴你走上我曾经走过的疗伤路，帮助你找到真正属于自己的答案。

虽然这是一本关于原生家庭创伤的书，然而，如果你期盼着从书中获得"解气"的感觉，那么注定是要失望的。因为本书中讲的不是伤害与怨愤，而是经历过伤害后的勇敢与独立、爱与滋养、真实与坚定。

本书的写作过程对我来说，是一段非常享受，也非常疗愈的经历。作为一名立志投身于创伤治疗的心理咨询师，也作为一名曾在原生家庭创伤迷雾中苦苦挣扎的成年子女，我始终认为自己肩负着一种使命，把我临床工作中的所见所闻，以及我个人治愈原生家庭之伤道路上的所感所思，以某种形式记录下来、传播出去，告诉所有品尝过这般苦涩的伙伴，你并不孤单。

因此，本书既是我的工作总结，也是我的个人感悟。

在写这本书的过程中，我得到了许多来自朋友、同行以及社区的帮助，他们的殷切期盼和鼓励，让我更加坚定了自己写作的初心。在这里，我想特别感谢以下几位：首先，感谢我的伴侣昊。他在生活上、精神上以及心灵上的陪伴与支持，增强了我完成这本书的力量。其次，感谢我的挚友 **Yida**，她是本书的第一位读者，也是我愈合之路上志同道合的伙伴。在她的影响下，我切身感受到了"真我"的力量。最后，感谢我的挚友韧心旎，感谢她为本书作序，也感谢她在生活中兼任我的"心灵导师"一职，每每与她谈话，我都能感受到一种由心而生的成长动力和生活灵感。

经历了自己的愈合过程，也通过观察其他人的愈合之路，我深刻地体会到，虽然原生家庭在很大程度上塑造了我们的过去，但是永远不能束缚我们的现在和未来。作为自我人生的唯一掌控者，我们每个人都有权利，也有能力挣脱原生家庭之伤的枷锁，拥抱真实、健康、美好的人生。我始终坚信，每个人的内心都有一股源源不断的真实力量，只有它才能够引领我们走出这人生中最苦涩的泥沼，过上真正属于自己的生活。

因此，我希望把本书献给经历过原生家庭之伤的你，愿它成为你愈合之路上的陪伴，也愿真实的力量永远与你同在。

声　明

　　为了保护来访者的隐私，本书中涉及的所有来访者案例均源于作者的个人经历，以及书本、论文、报纸、网络等媒体上的公开信息，并经过作者的虚构、杂糅、夸张等加工处理，以确保没有透露任何来访者的身份信息和具体故事。

　　本书是心理自助类读物，不能代替专业的心理治疗和药物治疗。

目 录

推荐序一
推荐序二
序言
声明

第 1 章　原生家庭会伤人　/1

我最依赖的人，却伤我最深　/4
原生家庭之伤的四种类型　/7

第 2 章　直面原生家庭　/24

原生家庭对我们的影响有多大　/25
什么阻碍了我们对原生家庭的认识　/27
原生家庭对我们生活的负面影响　/34
我们该不该允许自己愤怒　/47
沉浸于吐槽父母，我们得到了什么　/51

我们失去了什么 /53

第3章　为何原生家庭会伤人 /56

了解父母，打破原生家庭魔咒 /57
爸妈，请不要这样爱我 /59
创伤使人爱无能 /74
寻找原生家庭创伤的根源 /87

第4章　走出原生家庭之伤 /93

创伤带来了永恒的情感丧失 /95
重新开始自我成长 /110
与创伤对抗：爱与滋养的能量 /133
觉醒，感悟真我的力量 /140
抛开面具，拥抱更多人生选择 /142
走出"永恒的受害者"模式 /145
重新书写我们的人生故事 /149
冲破"舒适圈"，走上愈合之路 /153

第5章　与原生家庭相处 /157

离家，人生的必修课 /158
选择最合适的相处方式 /169
如何告诉父母他们对我们的伤害 /172
重新定义"原谅" /179
如何与原生家庭平等相处 /182
如何与父母进行有效沟通 /200

第6章 开启新的家庭成长周期 /209
　　　　建立健康的亲密关系 /210
　　　　打破创伤传递的魔咒 /224

后记　我们的使命 /237

参考文献 /240

第 1 章

原生家庭会伤人

> 最终,家庭对孩子的影响力是最关键的:家庭不仅创造了孩子所在的世界,还告诉孩子这个世界应该怎样被诠释。
> ——黛博拉·坦纳(Deborah Tannen)
> 《纽约时报》畅销书 *You're wearing that* 作者

研究生的第二年,我在美国某城市的一家综合性医院的重度精神病科实习。两三个月不到,我就已经从震惊害怕到波澜不惊了。我知道,新的病人刚来,总会表现出一两天的躁动不安,但是慢慢地就会习惯了单调的病房环境,在药物的作用下回归平静。

一天，病房里来了一位叫唐的中年人。唐虽然只有50出头，但已经是满头白发、满面皱纹。唐刚来就表现得与众不同，他并不像其他新来的病人那样大喊大叫，也不与别的病人聊天和谈话。每天，他只是泡一杯茶，安安静静地坐在活动室里看报纸。奇特的是，其他病人也从不与唐聊天，即使是最刁钻的病人也从不找他的麻烦。

有时我路过活动室，总会看见唐完全不顾身边病友们的追逐打闹，如泰山般地稳坐在沙发上看报纸。在好奇心的驱使下，我常常会走上前去和他说几句话。而唐总是以一副悠然自得、彬彬有礼的态度与我交谈，仿佛我们只是两个在公园里相遇的路人，正在相互寒暄。

由于唐不是医院分给我的病人，所以我没有办法看到他的档案。但我总是忍不住会想象，像唐这么一个温文尔雅的人，到底是发生了什么事情，让他不得不进入重度精神病房进行治疗呢？

我的另一位病人吉米，平日里最喜欢散布其他病人的小道消息。有一天，吉米在活动室里看到了我和唐正在交谈，他马上把我拉到了一边，嬉皮笑脸地说："哇，你还真是个胆子很大的实习生啊，这种人你都敢跟他聊天！"

"你在说谁啊？"我丈二和尚摸不着头脑。

他努努嘴说："就是那位活动室里的圣人啊！4号病房的汤姆以前跟他在同一个监狱里蹲过，所以我们都知道他的故事。这个老头子啊，二十多岁的时候亲手杀死了他的亲生父母！据说现场的惨状让警察都吐了出来。这不，三十多年后才刚刚假释出来看病，谁知一到医院里就又发了疯，打伤了医生，结果被送到了我们这里。我们都不敢惹他，知道他待不长又要回监狱了。"

看着吉米振振有词的样子，我的心里也犯起了嘀咕。可是，我真的很难把眼前这个总是对着我笑眯眯的唐，和残忍杀害双亲的凶手联系在一起。

几天之后，我在精神病房里召集艺术表达治疗小组，唐也报名参加了。小组的目的是希望精神病人们能够用美术、手工、音乐、诗歌等艺术表达形式，表现自己内心的情绪与感触。这一次我带领的小组主题是让大家用艺术的形式，描绘一种让自己感到宁静和舒适的空间。

没过多久，唐就举手表示自己已经完成了作品。我走过去，看到了画布上有一幅奇特的图案：

一张白纸全部被乱乱的黑线布满，两个灰色的方块倒在地上，无数猩红色的点铺满了黑线的空隙。

"唐，你能和大家解释一下你画的是什么吗？"我问道。

"我很乐意啊。"唐缓缓地说，"让我感到宁静舒适的空间就是——我那该死的父母死掉的房间。他们一个是色情狂，一个是蠢货，他们不分日夜地揍我，强暴我，辱骂我。所以一到可以买枪的年龄，我就去买了把枪，把他们都干掉了。从此之后，我的世界终于安静了，我也终于平静了。现在，我只要一想到他们横尸的、静悄悄的房间，我就感到无比的宁静和舒适。"

唐的声音毫无波澜，脸上是和往常一样的悠然自得，却有泪水不断地从眼角溢出。

他说完，对我温柔地一笑，满意地把作品小心地折好，放入了口袋里。他的胡子上还挂着几滴亮晶晶的泪珠，随着他的身体颤抖。

我最依赖的人，却伤我最深

时隔多年，我依然忘不掉唐颤抖的、挂着泪珠的花白胡子。我还有很多的问题想要问他：

如果你真的像自己所说的一样获得了永久的平静，又怎么会颤抖着泪流满面？

你的泪水究竟包含了什么，是喜悦，是忏悔，是痛苦，还是激动？

你以付出毕生自由为代价，杀死了伤害自己的父母，这样到底值不值？

杀死父母之后，你真的获得了解脱吗？

……

唐的故事，只是为我拉开了帷幕的一角，让我初次探知人性的复杂多变与家庭的千疮百孔。

在精神病房里的那一年，以及后来做心理咨询师工作的几年里，我有幸走入了许多像唐所经历的苦涩的人生故事。我发现，许多在生活中艰难挣扎的灵魂，都背负着沉重而痛苦的原生家庭回忆。在暴力失控、犯罪、恋爱成瘾、性成瘾、酒精和药物成瘾、自恋、缺乏信任、不安全依恋、社交恐惧、自我斥责、空虚感等"不正常的"心理和行为问题背后，这些迷路的灵魂想要保护和补偿的是在10年前、20年前、30年前，甚至更久以前那个因为父母的拒斥、虐待、忽视而躲在角落里默默哭泣的孩子。

在听到许多令人心碎的原生家庭故事后，我发现，**如果我们假装看不见心灵中的原生家庭伤口，我们就永远无法从这伤痛中复原。**

未被正视和处理的原生家庭伤口，就像是一个潘多拉的盒子，一不小心碰开了盒盖，悲哀、羞耻、怨恨、愤怒、暴力就会像潮水一样涌出来，把人淹没在痛苦的洪流之中。也许，精神病房里的唐，也正是被这股痛苦的洪流夹带而走，付出了毕生的代价。

在心理咨询室里，提起原生家庭中遭受的伤害，许多来访者一开始会轻描淡写地对我说："这些都是发生在我小时候的事情，早就已经过去了。"可是，他们的眼眶里含着泪，攥紧了拳头，皱起了眉头，身体也跟着紧绷了起来。

看到这些来访者想起原生家庭之伤时情不自禁的身体变化，我明白，虽然这些伤痛发生在多年之前，但是他们的身体和心灵从未真正走出这伤痛的泥沼。这些来访者嘴上说

"已经过去了",不过是他们在用自欺欺人的方式躲避着直面原生家庭之伤的痛苦。然而,无法正视原生家庭之伤的结果是,这些来访者一直找不到活在当下的宁静,以及憧憬未来的勇气。他们不敢回想自己从哪里来,也自然不敢畅想自己要到哪里去。常常,这些来访者人云亦云地追逐着世间的功名利禄,却发现无论自己拥有多少外在的成就,都填补不了内心的空洞。

在直面伤口之前,我们首先需要明白什么是原生家庭之伤。显然,唐所遭受的,是毋庸置疑的原生家庭之伤。然而,在工作中接触到更多饱尝原生家庭痛苦的成年子女后,我逐渐开始领悟到"原生家庭之伤"这一词覆盖的层面远比一般人想象得广泛,并不是只有像唐的父母那样极端的伤害行为,才能够算得上是原生家庭之伤。

埃里克森、温尼科特、皮亚杰等著名儿童心理学家都在各自的研究中发现,在孩童时期,人类的天性是乐观的、脆弱的、不完美的、依赖性强的以及不成熟的。这是每个孩童一生下来就具有的自然特质,无一例外。因此,幼年时期的我们需要的是父母不间断的滋养和爱护,才能充分发展每一项特质,成长为成熟的、健康的成年人。

所以,任何父母对子女并非出于滋养或爱护的言行举止,或者任何父母让子女为自己的天性而感到羞耻的做法,我们都可以称之为"原生家庭之伤"。即使有时我们的社会和文化默许了父母的一些行为和言语,这也并不代表这些行为和言语对子女的成长和发展有益。比如，父母从小对我们严格管教，时常严厉指责我们的行为举止，却从来未曾关心过我们的情感需求。尽管周围人都表示"父母这是在为你好"或者"中国家庭都是这样的"，这些理由也并不能抹去父母对我们的情感忽视造成的实际伤害。我们当然可以体谅和理解父母对我们情感忽视的缘由，然而我们也需要意识到，父母的忽视确实伤害了我们幼年渴望爱护和滋养的心灵，造成了我们成年之后的低自尊心，习惯性地讨好他人，惧怕亲密关系等一系列问题。

在看清了原生家庭之伤的广泛覆盖面之后，我开始能够更加深刻地感悟原生家庭经历对于个人的巨大影响，我也开始能够更好地帮助来访者以及我自己直面原生家庭的痛苦经历，寻回当时遭受原生家庭之伤的感受，并从自我理解和关怀中酝酿出愈合伤痛的力量。同时，我既惊讶又心痛地意识到，造成原生家庭之伤的父母，甚至是唐那样可怕的父母，他们也很有可能是上一代原生家庭之伤的受害者。在时代环境的限制和生活重担的压迫之下，这些父母一辈子都浸染在苦涩的原生家庭泥沼之中，同时不假思索地把自己身上的痛苦又传递给了下一代。

原生家庭之伤的四种类型

在临床心理咨询中，原生家庭之伤可以简单归为以下几种类型：身体之伤、言语之伤、性之伤和情感之伤。

痛在身上，伤在心里：身体之伤

"第一次心理咨询师让我回忆童年时，我就想到了自己两条布满乌青的大腿，小时候因为各种各样的事情挨揍简直是家常便饭。但是……"朋友小林尴尬地笑了笑，"我们这代人，谁小的时候没有被打过呢？"

小林和我一样，也是土生土长于中国的留美学生。她第一次接受美国的心理咨询时，云淡风轻地描述了自己童年被父亲殴打的片段。说完，美国白人咨询师用一种充满怜惜的眼神看着她，对她说："亲爱的，你遭遇到了身体虐待。"

小林不服气地说："你不了解中国文化，这是中国父母教育子女的一种办法。"

咨询师问："那么，你从父亲的殴打里，学到了什么吗？"

小林绞尽脑汁地想了想，说："不要在我爸心情不好的时候惹他……"

说完，小林哭了。因为她突然发现了一个可怕的规律，那就是自己现在对待丈夫、老板、朋友都是这样小心翼翼地察言观色，生怕在他人"心情不好"的时候惹到对方。只要发现对方脸色一变，小林的心就会突突乱跳，双手颤抖，脖颈冒汗，那种熟悉的恐惧感和身体的疼痛感像大山一样，把她压得动弹不得。

在中国，千千万万个和小林一样的成年子女，在"不打不成器"的文化氛围中，用"教育手段"来解释父母给予自己的身体之伤。来听听这些我在咨询中听到的真实故事。

我不知道它（身体之伤）什么时候会来，会怎么发生，我甚至不知道这一次，我还能不能承受得住。

我的母亲常常用塑料尺子打我的手，直到打断尺子。我今年40岁了，看到塑料尺子，我依然会浑身发抖。

我的父亲每次打完我都跟我说，他打我是为了我好。所以长大以后我嫁给了一个发脾气时会揍我的男人，这难道不是男人一种表达爱的方式吗？

在中国文化环境中，作为教育手段的体罚和身体虐待常常被混淆。体罚是父母对于特定不良行为的一种惩罚措施，是父母事先与孩子商量好的规则。当孩子做了某种不良行为的时候，他（她）是能够预料到自己会被体罚的。体罚虽然是一种便利的育儿手段，但是大量现代家庭心理实证研究表明，体罚在改善儿童不良习惯上效果最差，而且会极大地损伤、破坏亲子之间的信任感和亲密度。

然而，身体虐待则是另外一回事。身体虐待常常是突如其来的暴力，孩子不能预料身体虐待会在何时发生，往往也不知道自己被父母暴力对待的原因。父母事先没有与孩子达成过规则，孩子不知道他（她）做了什么行为会有什么样的后果。

体罚和身体虐待往往都是出于父母对孩子的愤怒。然而，父母体罚孩子的主要目的是帮助和教育孩子，告诉孩子怎样做才能满足父母的希望。体罚有度有量，不会因为父母的情绪而改变。而实施身体虐待时，父母的主要目的是发泄自己的愤怒情绪，并且用"打"来告诉孩子：我的力量比你大，你必须无条件服从我。所以父母越是愤怒，身体虐待越严重。

许多父母以"玉不琢，不成器"为理由对孩子动辄打骂，然而这些父母其实是在以体罚为幌子对孩子进行身体虐待。就像朋友小林所遭遇的那样，她并没有从父亲的殴打"教育"中学到任何有利于自身成长的信息，相反，她在这样的环境中发展出了"我要一直小心翼翼地对待别人，才能确保我的安全"的讨好型性格。

除了身体虐待，父母对子女的生理需求不闻不问，甚至恶意忽视，也是一种身体之伤。孩子的健康成长需要合理的饮食、保暖的衣物、干净的住所、医疗的照料等必要的物质条件，有些父母以自我的方便为中心，或者根本就是想要遗弃孩子，不能够或者不愿意给孩子提供必要的物质条件。例如，我在美国儿童保护机构实习的时候，遇见过一些有酗酒或者毒瘾问题的父母，把完全不能照顾自己的孩子一个人扔在家中，任其挨饿受冻，自己外出逍遥。无法满足儿童基本生理需求的父母，在美国会以儿童忽视罪的名义被起诉，轻者失去儿童的抚养权，重者被判刑坐牢。

身体之伤极大地破坏了孩子的信任感和安全感。面对施与身体之伤的父母，孩子常常感到不知所措，他们不知道该怎样去信任和依赖一个常常会给他们带来身体痛苦和伤痕的成年人，也不知道该怎样去适应一个充满了突如其来危险与伤害的生活环境。身体之伤也极大地破坏了孩子对于身体的珍视。在父母的身体虐待和身体忽视之中，久而久之孩子便形成了"我的身体并不珍贵，也不重要"的想法。自然而然地，孩子不知道应该如何去保护自己的身体，也不知道应该如何去尊重他人的身体。这就是为什么我们常常看到，有些经历了原生家庭身体之伤的成年子女，在亲密关系中总是会被有暴力倾向的伴侣所吸引；或者，有些成年子女在组成了自己的家庭之后，无法控制地对自己的孩子、伴侣实施暴力。

第一母语是自我贬损：言语之伤

高中时，我常常去同学凯丽家串门玩儿。凯丽的妈妈是一位高个儿、大嗓门的女士，她对凯丽的长相、身材、谈吐、学业等都不满意，而且喜欢当着所有人的面宣泄她的不满意。

有天我和凯丽正在她家吃饭，突然之间她妈妈把炮火转向了凯丽："你看你，那么肥，还吃那么多，以后可怎么办啊！像你这样的，谁会看上你啊，赔钱货！"我尴尬又担心地回头看看凯丽，而她只是默默地扒饭不说话，好像已经对妈妈的言语攻击习以为常了。

多年之后，在中学同学聚会上，我看到了几年不见的凯丽，她比中学时代胖了整整一圈，还是单身，也没有找工作，还和父母住在一起。其他同学打趣说她越长越富态，凯丽嬉皮笑脸地说："哎呀，我一直就是那么肥，多吃点有什么关系，反正也没有男人会看得上我这样的赔钱货……"我十分吃惊地看着依然笑嘻嘻的凯丽。我发现，凯丽评价自己时的言语之刻薄、神态之不屑，和她妈妈当年在饭桌上对她的攻击如出一辙。

开始做心理咨询师后，我看到越来越多像凯丽这样的人，他们从父母那里学来的第一母语，就是对自己直接的攻击和贬低，或者是间接的挖苦和讽刺。因此，长大后，他们评价起自己来只会更加残酷且刻薄。来听听这些我在咨询中听到的真实故事。

我妈常说，她最好当年直接把我流掉。我同意她，因为我确实一文不值啊。

我爸发现我 16 岁开始初恋之后，骂我是不要脸的贱货。现在成年的我一直约炮，可能我确实比较贱吧。

我爸常说我不如弟弟，因为我不是男的，不能给他续香火。我妈常说因为生了我，她受了好多气，还好后来有了个弟弟，她才能在婆家直起腰板说话。一直以来我觉得自己很没用，很长一段时间我都希望一夜醒来能变成个男的。

这些来访者口中令人震惊的自我侮辱和贬低向我证明，幼年时的我们在父母施加的言语之伤面前是异常脆弱的。由于我们脆弱和不成熟的儿童天性，父母就是我们的整个世界，我们不得不尊重和依照父母创建的世界规则来生存。如果父母说我们是糟糕的、没价值的、不堪的，作为孩子的我们是没有能力和力量去反驳他们的。慢慢地，我们也就逐渐相信了自己确实是糟糕的、没价值的、不堪的——只有这样，幼小的我们才可以更好地"适应"父母创建的世界规则，在原生家庭中生存到成年。

这在心理学上被称为**"内化现象"**，即我们相信了父母口中对自己的负面评价，并且把这些负面评价在内心转化为对自己的信念。这便是言语之伤最具有"杀伤力"的地方，它迫使我们从心底屈服于父母带来的伤害，并且扭曲了我们对自我与世界的认识。

家的终极背叛：性之伤

"你的爸爸不会抚摸你的下体吗？"

在小学三年级的时候，有个女同学曾经这样问过我。

在我成长的 20 世纪 90 年代的中国，尽管社会正在迅速开放，却从来没有人教过我任何关于性方面的知识，我自然也不知道她口中的"爸爸抚摸下体"是什么意思。于是在和伙伴们打打闹闹之际，我就把这事儿给抛到了脑后。

直到成年，我才明白过来，她正在经历的可能是多么骇人的原生家庭之伤。

《中毒的父母》一书的作者苏珊·福沃德博士把父母施与的性侵害称为**"终极背叛"**。因为，性之伤具有损害孩子所有宝贵天性的毁灭性，它玷污了亲子间最重要的信任，也触碰到了人类道德的底线。更可怕的是，因为性之伤天然的隐蔽性和禁忌感，孩子无处可逃。在这样的原生家庭中，保护者变成了侵害者，港湾变成了地狱。

如今的中国社会，性依然是一个讳莫如深的话题。父母与子女之间的乱伦，更是社会禁忌。这些都成了发生在父母与子女之间的性侵犯的保护伞。在工作中我了解到，遭受过原生家庭性之伤的子女们，很多人因为性教育的缺失，在相当长的一段时间内不知道自己经历的就是性侵害，只是懵懵懂懂地感到羞耻和困惑。等到明白过来的时候，这些子女一方面不知道该向谁求救；另外一方面因为强烈的羞耻感也不愿意去向外人求救。研究显示，在所有的童年创伤中，遭遇童年性创伤的成年子女更加强烈相信"这些都是我的错"，这使得他们的愈合之路比其他人更加艰难。

除了直接的性侵害，性之伤还包括对于孩子**性边界**（sexual boundary）的侵犯。孩子的性边界指的是儿童和成年人一样享有性方面的隐私权和被尊重权。美国儿童心理发展学的研究成果表明，儿童在5岁之后，就已经有明确的性别意识，他们知道男性与女性的区别，也明确意识到自己的认同性别。因此，在五岁之后，父母就应当按照儿童的认同性别来对待他们，而不是把他们当作懵懂无知的"无性别生物"随意对待。

许多时候，由于自身知识的匮乏，父母对我们性边界的侵犯常常是无心却不以为意的。例如，一位朋友告诉我，十来岁时他在家里洗澡，母亲竟然随意走进厕所拿东西。我的朋友当时立刻表示了强烈的抗议，但是母亲无所谓地说："都是一家人，你还是个小孩子，哪有那么多讲究。"我朋友的母亲可能不是喜欢偷窥儿子洗澡，而是并不知道年幼的儿子也需要隐私和尊重。又例如，酷暑天的时候，父亲或者母亲毫无顾忌地在儿女面前裸露自己的身体。这类父母可能并不是依靠裸露身体来获得快感的暴露狂，只是他们并不知道自己需要去保护子女的性边界。

尽管父母侵犯子女的性边界大多是出于无知，但他们的行为可能造成子女严重的性之伤。性边界经常被侵犯的子女，长大成人之后很可能会出现两种情况：一种是因为父母时常的跨界行为而对性产生恐惧心理；另一种是和父母一样漠视自己和他人的性边界，对性产生无所谓的心理。

看不见的伤口也疼：情感之伤

诚然，以上所叙述的身体之伤、言语之伤和性之伤都会造成孩子在情感上的创伤。然而，在这里我想特别指出四种常见的中国式情感之伤：情感忽视、过度控制、情感敲诈，和被迫卷入父母的婚姻。

◎ **情感忽视**

爸妈，你们能关心我一下吗？我学习压力真的很大。

我们还要怎样关心你？为你花了那么多钱，不算关心吗？我小的时候，哪有爸爸妈妈愿意花钱给我报辅导班的？你成绩都这样了，还好意思跟我们提要求！

以上亲子对话，对许多成年子女来说并不陌生。

由于文化以及历史原因，中国家庭中的亲子关系比起西方来，是更加"现实"的亲子关系：父母和我们之间讲究的是实际的生活琐事，常常忽视了彼此的情感需求。父母擅长无微不至地照顾我们的吃穿用度，却不懂得如何关怀我们的情绪和感受，更不可能像西方父母那样把"我爱你"挂在嘴边。甚至有时，当我们主动要求父母来关心或者安慰自己的时候，我们的父母没有能力也没有意愿提供这样情感上的支持。

然而，正如前文所说，孩子的天性特质是依赖性强并且不成熟，因此幼年的我们需要父母提供持续的、稳定的情感滋养，才能成长为健康和独立的人。特别是当遭遇情绪上的低谷时，我们需要来自父母的抚慰和鼓励来帮助自己渡过难关,因为幼年的我们还未能发展出健全成熟的自我安抚办法。

但是,如果父母此时不但不能够提供情感支持,反而对我们的情感需求感到厌烦,甚至用言语和行为惩罚我们的情感需求,这便向我们传达了一条错误的信息:**我的感受是不重要的**。当这样的信息不断出现在生活中时,它便成功地阻碍和抑制了幼年时我们渴望倾诉情绪的本能,以至于渐渐地我们不再期待和他人进行情感交流,也习惯了忽略自己的情感需求。

中国父母对孩子的情感忽视造成的另一个非常可惜的结果是:尽管父母在生活方面对我们尽心尽力地照料,可是由于父母没有办法与我们在情感上相互联结,我们还是很有可能完全感受不到父母的爱,变成了**"假性孤儿"**——我的父母可能爱我,但我感受不到。

◎ 过度控制

妈妈天天给我安排相亲,她说我今年必须要找到结婚对象,不然就嫁不出去了。我心里虽然很烦她,但也有点害怕自己真的嫁不出去。

我爸妈每天打电话、发短信连环骚扰我,逼迫我回老家做公务员,我都快纠结死了。

我都已经 25 岁了,周末出门还得跟父母报告自己准备去哪儿、和谁去、什么时候回来,父母就是不同意我搬出家门独居。

以上是我在咨询工作中所听到的，父母对于成年子女过度控制的真实故事。这些来访者常常向我抱怨，父母完全不懂得尊重他们的独立意识和私人空间，继续像小时候一样"无微不至"地渗透在他们生活的方方面面。在父母的羽翼下，这些来访者生活得压抑而矛盾，既无法心甘情愿地被父母继续掌控，又感到自己并没有多少能力可以脱离父母、独立生活。

进一步了解到这些来访者的成长经历后，我发现，这些父母的过度控制行为从子女很小的时候就已经开始了。比如，不许子女看课外"闲书"，不许子女和长辈顶嘴，偷看子女日记，不敲门就随意闯入子女的卧室，规定子女的穿着打扮等。这些父母只想要培养出"听话懂事"的孩子，却没有考虑过如何发展孩子的自我意识和自主能力。

不可否认的是，未成年时的我们因为心智发育尚未完全，确实需要在父母的监护和照顾之下，才能够健康平安地长大。然而，在一个健全家庭中，虽然父母对于孩子的生活有一定的掌控，但同时父母也会根据孩子的身心发展程度，积极地鼓励和引导孩子思考自己的生活选择，并且容许孩子质疑和挑战父母的决定与想法。随着孩子的成长，真正理解和支持孩子成长的父母，会给予孩子越来越多可以做决定的空间，来帮助孩子从懵懂无知的儿童、青少年发展成能够独当一面的成年人。

而在过度控制的家庭中，我们经常会因为自己与众不同的想法而遭到父母的嘲弄、攻击和打压。我们从小到大的衣食住行都被父母严格地控制着，完全不需要自己花精力和时间来思考、做出决定以及承担后果。父母的过度呵护和照顾，把"失败"和"问题"从我们的生活中完全剔除了。我们在成长过程中没有经历过一些必要的人生起伏，也没有机会来看清这个世界的本来面貌。

美国心理咨询师皮娅·梅乐蒂（Pia Mellody）称父母这样的做法是一种**"知性虐待"**（intellectual abuse），即父母在我们成长过程中的过度控制，抑制了我们发展独立思考和解决问题的能力，也阻碍了我们发展面对挑战和困难的适应能力。因此，成年后踏入社会，我们常常会感到迷茫和沮丧，缺乏承担责任的能力和勇气，行为举止稚嫩随性，也没有足够的自信心与人社交。在残酷的社会竞争中，若不改善现状，我们必然会被其他自信、果敢、独立的同龄人超越，最后不得不继续依附着父母，成为"啃老族"。然而，归根到底，这"啃老"背后的原因是父母根本没有给我们机会从儿童的状态中成长起来，父母的过度控制剥夺了我们的知性发展。

◎ 情感敲诈

爸妈生你养你不容易，你怎么还不去做×××？
你看你把你妈妈的头发都气白了，你还不赶紧去做×××？

> 要不是为了供你上学,爸爸妈妈早就过上好日子了,你还要这样对我们!

我的朋友黄从小到大都深受父母的唠叨之苦。他经常愁眉苦脸地跟我说:"我感到我欠父母的债一辈子都还不完!"

黄遭遇到的,是中国亲子关系中最常见的心理操控术——**情感敲诈**,父母一方面以受害者的姿态在道德和良知层面上指责、攻击子女;一方面利用子女的内疚感迫使子女顺从和满足自己的需求。

情感敲诈对于我们幼时的宝贵天性具有威力十足的打击。作为儿童,我们的天性是充满"魔力幻想"的,我们会认为自己说的某些词语、做的某些手势或者行为真的会改变现实,就像在英文中,有句儿童之间口口相传的谚语:"踩裂砖块,妈妈背断"(Step on a crack, break your mother's back)。而父母情感敲诈的做法,往最糟糕的方向鼓励和强化了这种魔力幻想。当父亲或者母亲说"都是因为你,所以我才……"时,作为儿童的我们会真的认为是自己的某个行为才造成了父母的生活不顺、衰老或者贫穷。因此,我们会陷入极度的恐慌和内疚之中,认为自己是家庭中一切不幸的来源和开端。

同时,情感敲诈以恐吓、贬低子女的个人价值为代价,来**神化**父母在家中的权威。由于相信了自己是"导致"父母生活不幸的罪魁祸首，我们会感到自己永远都不够好，永远都偿还不了亏欠父母的债，我们必须要不断地努力达成各种各样的目标才能"赢得"父母的爱。然而，健康的父母之爱是不需要条件的。孩子从未主动要求降生，是父母将孩子带到世界上来的。因此，父母对孩子的爱和滋养，是上天赋予父母的责任，也是每个孩子应当享有的权利。

◎ 被迫卷入父母的婚姻

我爸妈说要不是为了我，他们早离婚了。

小时候我妈让我跟我爸说，她再也受不了我爸的冷漠了。而我爸又让我跟我妈说，她已经年老色衰了，所以他根本不想正眼看她。

爸爸打妈妈的时候，我就在门边看着，因为害怕，我的手指甲一直抠着门上的裂缝，等他打完了我才发现我的手上全是血。

在中国传统的信念里，婚姻是为了传宗接代，孩子就是维系父母婚姻的纽带。因而很多我们这一代的子女，一出生就被迫赋予了保卫、维持，甚至修复父母婚姻的"使命"。

然而，这"使命"对我们来说是非常不公平的。因为，作为天真烂漫的孩子，我们连自己都保护不了，又怎么能够保护得好父母的婚姻呢？传统的家庭观念迫使我们承担了远超出自身能力范围的责任和压力。就算如今我们已经成年，也不可能凭借一己之力，修复父母数十年来的裂痕。这"使命"也深深地挫伤了我们的自我价值感。我们会错误地认为，相比于父母的婚姻完整，自己的情感和需求并不重要，必要的时候，我们需要牺牲自己来成就他人的幸福生活。

许多来访者在回顾童年时也发现，父母明明婚姻十分不幸福，却因为想要给子女"一个完整的家"而硬撑着不离婚，其实这是对子女更大的伤害，因为这些来访者从小便在父母糟糕的婚姻生活中过早地学到了痛苦和寂寞，甚至暴力和背叛。父母迫使子女目睹貌合神离的婚姻生活，甚至迫使子女和自己一起"扮演"幸福家庭的假象，极大程度上造成了子女长大以后对于亲密关系的不安全感，以及对他人信任感的崩塌。

目睹父母家暴是另一种被迫卷入父母婚姻状况所造成的严重创伤。拳脚虽然没有落在我们身上，却落在了儿时我们最亲近和最依赖的人身上，而施暴的人也是我们不得不去亲近和依赖的人，这就对我们的内心造成了无法排解的矛盾和撕裂。家庭从此不再是温馨的港湾和庇护所，而是如履薄冰的人间地狱。而作为儿童的我们，并没有足够的力量阻止和改变家庭暴力的发生，只能眼睁睁地看着暴力一次又一次地发生。我们为自己的弱小和无助感到内疚，也为父母的失控而感到恐惧。长大成人之后，我们也很难摆脱这种根植于心的无力感。

总 结

任何父母对子女并非出于滋养或爱护的言行举止，或者任何父母让子女为自己的天性而感到羞耻的做法，都可以被称为"原生家庭之伤"，即使有些社会和文化默许了父母的一些行为和言语，这也并不代表这些行为和言语对子女的成长和发展有益。只有正视原生家庭之伤，我们才有可能从这伤口中复原。原生家庭之伤主要分为四种类型：身体之伤、言语之伤、性之伤和情感之伤。每一种伤害，都在我们的成长道路上造成了影响。

第 2 章

直面原生家庭

在上一章中,你已经了解到了什么是原生家庭之伤,以及原生家庭之伤的不同类型。阅读这些案例和分析的时候,你的内心可能已经掀起了阵阵涟漪,因为它们会牵动你有关童年经历的回忆。尽管有些原生家庭之伤已经是发生在好几年之前的事情了,但对于从未有机会去正视这些伤口的你来说,触动回忆带来的痛苦和煎熬从未减轻过。

从原生家庭之伤中复原的第一步,是直面我们曾经遭受到的原生家庭之伤。因为,"我们不能治愈那些我们看不见的伤口"。人不可能自欺欺人地过一辈子,正视过去经历的原生家庭之伤，聆听自己内心的声音，理性看待原生家庭之伤给我们人生带来的影响，才能开启愈合之路。

原生家庭对我们的影响有多大

在这里，我想邀请你做以下两个练习，给自己空间和机会来重新梳理关于人生过往和原生家庭之伤的回忆。如果你正在接受心理咨询、心理治疗或者药物治疗，请让你的心理咨询师或者精神科医生知道你在做以下练习。

练习1：我的人生故事

1. 准备好一本空白的笔记本、一支笔，找一个安静的房间，给自己不受打扰的30分钟。
2. 在笔记本的第一页最上面写下："×××（你的名字）的人生故事"。
3. 闭上双眼，深吸一口气。仔细回味从出生起到现在的人生经历：有哪些人生中的重大事件曾影响了你的人生？
4. 睁开双眼，把你的过往回忆按照人生阶段分为至少五个章节。想一想每个章节分别可以起什么样的标题。写下章节的标题，以及每个章节发生的大致时间。在标题之后写下一两句话来简单阐述这个章节的内容。例如：沉闷的高中时代，2005～2008年，高中的时候我被父母逼迫着一心读书，感觉错过了很多有意思的活动，也错过了我懵懂的初恋。又例如：独立和解放，2014年到现在，我开始工作后就搬出了父母的家，我感到自己终于解放了。

练习2：我希望父母没有做过/说过的事情

1. 在笔记本的第二页最上面写下："我希望我的妈妈没有做过/说过……"在这句话的下面写下数字1～10。
2. 回想一下，在过往人生中，尤其是在儿童或者青少年时期，你记得母亲对你做过哪些你不喜欢的事情？
3. 现在，请在数字1～10之后记录下至少10件不同的事情来补充以上句子。例如：我希望我的妈妈没有在邻居的注视下打我两个耳光；我希望我的妈妈没有在发现我早恋的时候骂我不知廉耻；我希望我的妈妈没有一走了之，把我丢给爸爸。
4. 在笔记本的第三页最上面写下："我希望我的爸爸没有做过/说过……"以及数字1～10。
5. 同样地，回想一下，在过往人生中，尤其是在儿童或者青少年时期，你记得父亲对你做过哪些你不喜欢的事情？
6. 现在，请在数字1～10之后记录下至少10件不同的事情来补充完整以上句子。例如：我希望我的爸爸没有因为我跟他顶嘴而把我关在阁楼里一整夜；我希望我的爸爸没有伸出手摸我的胸部；我希望我的爸爸没有把妈妈离开他的事情怪罪到我头上来。
7. 当你写完之后，请翻回第一页"×××的人生故事"。回想一下，这些父母做过的、你不喜欢的事情分别发生在你人生的哪些章节？这些事情对你的人生走向产生了哪些影响？
8. 最后，请拥抱一下自己，或者拍拍自己的肩膀，或者用自己的右手握住左手，对自己说："谢谢你的诚实和勇敢。"

以上练习为我们提供了一个梳理过往人生、直面原生家庭之伤的机会。值得注意的是，在以上练习中，我们应该尽量只用简洁的话语（一两句话）记录事实，而不要加入过多的细节和渲染的成分。在之后的章节中，我们会有机会更加深入地探索一段原生家庭之伤的回忆。

同时我们也应该明白，做这两个练习的目的，并不是要搜集"罪证"来向施加原生家庭之伤的父母"讨个说法"，而是给自己的人生经历一个理性的、全面的回顾，帮助我们更好地了解自己的过去。

什么阻碍了我们对原生家庭的认识

在我的临床工作中，我观察到不少来访者在做以上练习的时候，会吃惊地发现有几段人生回忆是空白的，或者在回忆和记录原生家庭之伤的时候感到非常内疚，觉得对不起父母，因此不愿意继续下去，抑或突然极力否认自己曾经遭受过的原生家庭之伤。

对于第一次直面原生家庭创伤的我们来说，这些心理反应都是非常正常的。这是我们的自我防御机制在作祟：当人类面临痛苦和威胁时，潜意识会采取一些心理调整的方法来保护自己，使得精神不至于完全崩溃。这些自我防御机制虽然暂时地降低了原生家庭之伤对我们的冲击，但是也阻碍了我们回顾人生故事的视线，让我们没有办法直面自己的过去，也没有办法真正了解原生家庭之伤如何影响到了自己现在的生活。

否认

当我们开始认真回顾往事的时候，否认是最常见的自我防御机制。否认教会了我们把头埋进沙子里，假装看不到这个扎心的事实——本应慈爱的父母在我们最脆弱的时候，狠狠地伤害了我们。

如果现在我们决心把头抬起来，与原生家庭之伤直接对视，我们等于承认了这样一个事实：父母是不完美的，父母对我们的爱是有缺憾的。这不仅会深深地刺伤我们的内心，而且与中国传统的孝道文化背道而驰。

不论是童年、青春期还是成年，我们都希望自己的父母是最好的、最爱我们的，这不仅仅是因为孝道文化的宣传，也是因为父母对我们来说实在是太重要了。"孩子们也会全心全意忠诚于他们的养育者，即使养育者会虐待他们。恐惧增加依恋的需要，即使依恋的对象也是恐惧的来源。"如果非要让我们选择，到底我们是"坏的"，还是父母是"坏的"，我们很多时候（特别是小的时候）情愿选择我们。

因此，我们会听到自己说"都是我不好好做作业，所以才会被我爸爸揍""都是我太胖了，所以才会被妈妈讽刺"等，通过攻击自己的方式来为父母施与的原生家庭之伤做出解释。否认让我们把本来投向原生家庭之伤的怒火和失望转移到了自己身上，或者转移到了其他更能包容我们的人身上（比如我们的伴侣、孩子身上）。

在否认原生家庭之伤的同时，我们也在心中为自己创造了一对"完美又神圣的"父母形象。然而，这样的父母只存在于我们的美好想象中。在日常生活中，我们总会"一不小心"看见父母的真实模样，并为他们不能达到我们"完美又神圣的父母"的想象而感到万分沮丧和痛苦。例如，我的一位女性来访者来自重男轻女的家庭，她费尽心力想要通过事业上的成就来获得父母的认可，却愤怒地发现父母根本不在乎，也不关心女儿的事业发展，只关心女儿能否嫁得出去。

通过不断地鼓励自己回顾往事，我们会逐渐地接受这样的一个事实：我的人生不是全部都是很糟糕的，也不是全部都是一帆风顺的。我过去的生活里发生过很多美好的事情，但我也遭受过原生家庭之伤和其他的一些不幸。不论好事还是坏事，这些过往都为我现在的生活带来很多影响。我们也会逐渐地发现一个关于我们父母的事实：父母是和我们一样的普通成年人，他们会犯错误，会软弱怯懦，也会有自己难以跨过的一道坎。

人生就是这样有起有伏，每个个人也是这样，有好的一面也有坏的一面，我们不应该理想化或者灾难化任何一段经历，或者任何一个人。

大事化小

我的妈妈只是经常骂我是垃圾，从来没有动手打我，所以也没有那么糟糕啦。

我只是被父亲抚摸过胸部，所以应该不算是被性侵吧？

我爸妈有一两次在我面前打得头破血流，还好不是天天这样。

当我们开始逐渐接受自己曾经遭受过原生家庭之伤的事实后，我们往往又会最小化原生家庭之伤的程度。"这也还好啦"(It was okay)，这是我经常听到来访者说的一句话。

要记住的是，现在我们是以成年人的眼光来回顾过去，因此有的时候我们会忘记自己曾经作为一个弱小的孩子面对这些原生家庭之伤时的反应。也许对于现在已经成年的我们来说，这些确实不算什么。但对于儿时的我们，这些原生家庭之伤可能造成久久难平的痛苦、迷茫和恐惧，以及没有被满足过的，对于关爱、理解和安全的渴求。

所以，当我们回顾过往时，重要的不是"我的父亲只是抚摸过我的胸部"，而是这件事情给幼年的我们带来的困惑和恐惧，幼时的我们是怎样解释父亲的行为的，以及这些解释、困惑和恐惧怎样影响到了我们现在的人生。

合理化

我们可能也会想要为父母的行为找到合理的解释，来"洗脱"这些行为导致了原生家庭之伤的实质。

> 可能天下所有的父母都会在生气的时候辱骂子女。
> 可能我母亲经常不在家，所以我父亲才会摸我。
> 可能父母根本没有想到我在旁边看到了他们打架。

有的时候，这些解释可能是正确的，但是这并不能抵消父母的行为给我们带来的伤害。由于我们父母的成长环境、社会境遇以及教育水平的局限，这可能已经是他们能够提供给我们的最好的原生家庭条件了——这是我们需要面对的事实。只是，这样的条件无法提供给我们健康成长与发展的家庭环境——这也是我们需要面对的事实。

我们必须记住的是，直面原生家庭之伤并不是为了谴责父母，而是为了帮助我们梳理过往人生，找出记忆中的精神或者肉体伤口，这样我们才能想办法治愈它们。一味地怪罪父母，或者一味地为父母"脱罪"，对于我们愈合原生家庭之伤不利。

记忆破损

一幅定格在我脑海中的图片是：母亲满脸是血地倒在地上，父亲站在旁边看着她，然而我努力回忆，也不记得发生了什么。

这幅定格的图片一直困扰我的来访者汤姆，就像是恐怖片里的剧照一样，它时不时会跳出来让汤姆心惊胆战。

在经历过严重的原生家庭之伤后，许多成年人会和汤姆一样，时不时被完全没有上下文的、破碎的回忆画面惊吓到。这些画面是断断续续的、定格的，甚至是没有声音也没有颜色的，越是想要努力回想，这记忆会越快从我们的大脑中溜走。而在下一次，这样可怕的画面又会在我们完全没有想到的情况下跳出来，搅乱我们的生活。

这便是自我防御机制在作祟。当我们遭遇到无法承受的痛苦时，大脑出于自我保护的本能，会在潜意识中将关于这段经历的记忆压制，试图把痛苦的过去忘记。

同时，当儿时的我们遭受到超越承受能力的伤害时，大脑会让身体留在现场被虐待，却让心灵与身体分离，把心灵中的"自我"放置到一个幻想的乐园中加以保护：在那里，

第 2 章 直面原生家庭

"自我"看不到虐待，听不到虐待，甚至感受不到虐待带来的疼痛。这样灵魂出窍的体验在心理学上称为"解离"，而解离的经历也会让我们的记忆产生破损。

尽管大脑努力地压制和解离我们经历过的原生家庭之伤，但是大脑并没有那么大的威力将这些记忆完全抹去，这些回忆会支离破碎地储存在我们的潜意识当中。它们会毫无预兆地以碎片化的形式入侵脑海，让我们心惊胆战却又毫无头绪。

如果你发现在回顾童年往事的时候，甚至在平时的生活中，这样可怕的回忆常常会在不可预料的时刻侵入脑海，挥之不去；你发现自己常常高度警觉，失眠噩梦，注意力不集中，容易冲动，焦虑情绪弥漫；你在持续地、极力地逃避与童年和原生家庭有关的任何事件或场景，拒绝参与一些实际上没有危险的活动；或者像汤姆一样，你出现了选择性的遗忘，无法想起与创伤有关的事件细节——那么很有可能，你患有对原生家庭之伤的**创伤后应激障碍**。

创伤后应激障碍是个体在遭受创伤后产生的一种精神障碍。这本书可以帮助你更多地了解其症状以及降低你对于这些症状的成见，可是光靠阅读书籍并不能为你治愈创伤后应激障碍。这就像是你在运动时不小心摔成骨折，你只是上网查看关于骨折的治疗方法是没有用的，你需要去看医生、打上石膏才能治好。创伤后应激障碍也可以被看作原生家庭之伤导致的精神和心灵上的"折损"，你需要寻找专业的心理咨询师、精神科医生进行心理治疗，才能痊愈。

原生家庭对我们生活的负面影响

在突破了自我防御机制、理性梳理过往人生之后，你可能已经了解了原生家庭给你带来的身体之伤、言语之伤、性之伤和情感之伤，你可能也发现了自己的人生走向在很大程度上受到了它的影响。即使原生家庭之伤已经是过去式，如今的你恐怕依然在这泥沼中苦苦挣扎，现在所遇到的人际交往上的困扰、性格上的不满以及情绪上的障碍或许都可以追溯到原生家庭的阴影上。

在本节中，我们会先探讨儿童的天性，以及了解健全的原生家庭如何支持和发展这些天性。接着，我们会看到原生家庭之伤是如何阻碍了子女天性的发展，使得儿时的我们不得不戴上"面具"，扮演一些家庭角色来适应不尊重真实自我的家庭环境的。戴上面具的代价是我们逐渐迷失了自己，还未成长，内心就已经充满了疲惫与苦涩。我们开始逃避情绪，不知道该如何信任他人，也很难信任自己。

健全的原生家庭是什么样的

小娃撑小艇，偷采白莲回。不解藏踪迹，浮萍一道开。

1000多年前，中国伟大诗人白居易用五言绝句形容了他眼中孩童的特性——顽皮又天真烂漫。

1000多年后，皮亚杰、鲍比、安思沃斯、温尼科特等西方心理学家通过对千千万万孩童的研究也发现了类似的儿童特性——热爱玩耍、天真、充满想象、脆弱、不完美、依赖性强以及不成熟。

显然，这些天然特质，是跨越时代和文化的天然人性，也是我们作为人类非常宝贵的天然财富。

健全家庭中的父母非常懂得和珍视我们作为儿童的这些天然特质，他们不仅能够提供给童年的我们生存所需，也能够提供给我们成长空间。儿童心理学大师温尼科特说过，健康的原生家庭需要的不是完美的、不会犯错误的父母，而是**"足够好的"**父母。这些"足够好的"父母会犯错误，会失败，但他们的失误"刚刚好"是我们在成长过程中可以承受的，不会超出我们的身心发展成熟度，因此他们的失误不会让我们的成长产生未愈合的伤口。

同时，健全家庭中的父母也明白，我们从未主动要求降生，是父母将我们带到世界上来的。因此，父母珍视孩子如同自然的礼物。他们明白，**孩子的自我价值与生俱来，孩子不必去做任何事情来"争取"父母的爱。**

在这样健全的原生家庭中，我们可以自由自在地体验最真实的、最自发性的、最无防备的自我——这样的自我被温尼科特称为**"真我"**。在真我的指引下，我们会发展出坦率自然的行为、充满创造力和想象力的思想，以及对于自身天然特质的接纳和宽容。

在原生家庭中被迫戴上"面具"

然而，施与原生家庭之伤的父母却不懂得欣赏或者不珍视儿童的天然特质，甚至可能故意忽视或者厌恶表现出这些天然特质的儿童。

父母冷漠、负面的态度，令儿时的我们为自己的天然特质而感到痛苦和羞愧。正如美国精神科医生范德考克在《身体从未忘记》一书中说的那样："儿童无法选择他们的父母，也无法理解他们父母的情绪变化（例如忧郁、愤怒、心不在焉等）和行为与他们无关。儿童只能让自己适应他们所在的家庭，这样他们才能活下去。不像成年人，他们不可能寻求其他权力部门的帮助，他们的父母就是"权力部门"。他们不能出去租一个房子自己住，也不能搬去和别人一起住，他们只能依赖他们的养育者。"

因此在施与原生家庭之伤的父母面前，我们只得被迫戴上一副面具，遮住自己宝贵的天然特质，扮演起一种家庭角色，来适应无法尊重真实自我的家庭环境。这面具不由得我们自由选择，也不能灵活变化，只能依照着父母隐性或者显性的需求来创造。表 2-1 是几种常见的家庭面具（根据美国家庭咨询师莎伦·维格谢德尔－克鲁斯（Sharon Wegscheider-Cruse）以及心理咨询师约翰·布雷萧（John Bradshaw）的家庭角色理论改编）。

表 2-1

童年家庭面具	面具外表	面具之下	面具的用处	成年之后的面具
模范生	成绩优异，永远听话的乖女（男）	害怕犯错，希望能够掌控一切	用自己的成就获得原生家庭中的一些话语权	对自己要求完美，常常因为一件事情没做好就非常焦虑和自责
叛逆者	离经叛道，是父母责备的对象	极度自卑，感到自己是个失败者	用最叛逆的办法对抗原生家庭之伤	渴望被接纳和肯定，对自己没有信心，对他人缺乏信任
隐身者	安静的，乖巧的，永远都愿意随大流	被冰封的情绪，强烈的孤独感	用消极回应的办法来躲避生家庭之伤	缺乏主见，自尊心弱，不知道该如何表达自己的情绪和想法
照顾者	担负起照顾父母或者其他兄弟姐妹的责任，"小大人"	自己渴望被照顾的需求没有人来满足	用自我牺牲来抵御原生家庭之伤	十分"缺爱"，容易陷入一段被利用的情感中，常常牺牲自己来讨好他人
家庭小丑	用搞笑的，甚至是贬低自己的方法获得家庭的关注	极度焦虑，不愿意正视自己的伤口	用喜剧来缓解原生家庭之伤	缺乏责任心，难以被依靠，不知道自己的需求到底是什么
操控大师	抓准机会就攻击家庭成员，未达到自己的目的	极度缺乏安全感，缺乏人际交往的基本信任	用操控的手段来争取自己想要的	缺乏同情心，难以维持亲密关系，急功近利

面具为我们创造了一个"假我",来代替真我适应原生家庭环境。随着成长发展,我们的伪装技巧日益纯熟。渐渐地,面具渗透进了我们生活的方方面面,成了一层包裹在心灵上的硬壳,阻碍我们体验、接纳和表现自己的天然特质,也使得我们逐渐地模糊了假我与真我的界限。

"面具"的代价:毒性羞耻感

既然面具能够帮助子女适应父母创造的原生家庭环境,为何戴上面具的我们却越来越痛苦?

那是因为,戴上面具、变成假我是需要付出代价的。这代价就是如影随形的、强烈的**羞耻感**。我们必须要为了"真我"的存在感到无尽的羞耻,才能心安理得地让"假我"代行其道。

这种羞耻感,并不是做错了事情之后感到的羞愧和内疚,而是**认为自己本身就是一种错误**的羞耻,是对自己作为人的价值的贬低。美国心理咨询师约翰·布雷萧把这样的羞耻感称为"有毒的羞耻感"(toxic shame)。

我十分同意布雷萧的说法,这样的羞耻感拥有足够摧毁一切的"毒性"。如果我们认为,真我的存在本身就是一个错误,那么任何源自于内心的举动、思想和情感都会是错误的。无可避免地,在生活的各个方面,我们都得绞尽脑汁地去伪装和掩藏真我。必须戴上面具,变成假我,我们才会感到自己是值得被爱的、被接纳的、被尊重的。

在毒性羞耻感的影响下,有些人选择躲避任何可能出现

"真我"的场景。比如,有人逃避一切可能让自己"原形毕露"的社交场景;有人力求自己每时每刻都光彩照人、无可挑剔;有人常常压抑自己的想法和情绪来迎合他人等。

虽然早已不是公司新人了,但是艾米每天除了要一丝不苟地完成自己分内的工作,还要完成同事们分派给她的"举手之劳":买咖啡、打印材料、订外卖……艾米为此叫苦不迭:"我感到自己总是在为他人活,真的很累。"然而,艾米却不想对同事们说不——"如果我拒绝了他们的请求,他们会不会就不再热情地对待我了?"艾米承认,有时自己也挺享受这种被人需要的感觉。

很显然,艾米抓住不放的是"照顾者"的面具。在面具之下,我看到了艾米内心的毒性羞耻感:只有牺牲了我自己的感受和需求,才能换得他人对我的接纳。果然,随着咨询的深入,我了解到艾米的母亲常常对她百般挑剔和苛责,艾米只要一不顺其心意,就会遭受母亲的情感和言语之伤。因此,艾米戴上了"照顾者"的面具,习惯于牺牲自己的情感需求来抵消原生家庭之伤。

在毒性羞耻感的影响下,也有一些人对任何可能戳穿"假我"的场景异常敏感。比如有人对批评非常敏感,一旦听到异议就要猛烈回击;有人无法面对自己的失误,需要找个"替罪羊",或者干脆在错误产生的后果面前一走了之;有人的生活里充满了嫉妒、竞争和猜忌……

25岁的来访者吉米是被女友拖着来做心理咨询的。女友告诉我,虽然吉米是一个有高学历、高收入的上进青年,但是他特别敏感多疑,听不进任何建议。就算女友只是想要给吉米一些温和的提议,他也会从平日里的谦谦君子一下变成了脾气火爆的"炸弹"。

听到了女友的抱怨,吉米果然怒气冲冲地回应道:"其实我的家庭没有什么背景,我的事业也没有发展得很好,我知道自己根本配不上女朋友。她这样抱怨我,就是看不起我,干脆分手算了!"

通过更加深入的谈话,我发现吉米的童年非常不幸。幼年时,父亲时常殴打母亲,最终抛弃了母子二人。母亲常常哭泣着对吉米说,她所有的人生希望都寄托在了吉米身上,期盼他能够早日出人头地。因此,吉米一直戴着"模范生"的面具生活,用自己的成就来抵消原生家庭之伤。在看似光鲜亮丽的面具之下,吉米的毒性羞耻感让他对于展示"真我"恐惧到了极点。他坚定地认为,一旦完美的面具被戳破,他就会遭到抛弃和不接纳。

除了隔断我们与真我的连接,强化假我的面具以外,毒性羞耻感还会带来以下几点影响。

◎ **逃避情绪**

多少次,我们在父母那里听到"不许哭,再哭我可要打你了"这样的威胁?

在同样不懂得如何表达情绪和接纳情绪的父母那里,我们错误地学习到了情绪是一件很可怕的事情,因为它可能会给我们招来打骂。

毒性羞耻感阻碍了我们产生情绪。因为我们知道,情绪很可能让我们抛下面具,回归原本儿童的天性,破坏父母给我们创造的"秩序"。于是,我们开始否认、压抑、故意无视情绪的存在,我们学会了如何在悲伤的时候止住眼泪,在生气的时候默默走开,在失望的时候强颜欢笑。

然而,情绪并不是能够被我们"克服"的。如果情绪不能够被合理地释放出来,它会像火山熔浆一样积累在我们的身体里,等待着可以爆发的时机。

有时,这些积压的情绪会在莫名其妙的地方爆发出来。许多人的"无名之火",其实都冤有头债有主。开车的时候对着路人大吼的时候,我们其实是想对谁大吼?回家之后冲着伴侣摆臭脸的时候,我们其实是想给谁脸色看?对着孩子屁股狠狠踹了几下,我们其实是想告诉谁自己比他强大?

有时,这些积压的情绪因为实在无处对外释放,便转化成了对自己的攻击。于是,我们出现了一系列的心理疾病,例如焦虑症、抑郁症、强迫症等。

有时,这些积压的情绪已经太满,就快要溢出来了,但是我们依然没有办法坦然地接纳它们的存在。于是,我们选择用酒精、香烟、毒品、性爱、垃圾食物、网络游戏等来暂时地麻痹它们。

我们会发现，自己不仅在逃避负面情绪，而且在逃避快乐、感动、激动等正面情绪。这是因为在毒性羞耻感的影响下，我们觉得自己并不值得拥有这些美好的情绪。

当正面情绪来临时，我们会患得患失（"这样好的情绪会驻足多久，我一会儿会不会又陷入了情绪低潮中"），会自我怀疑（"我现在一事无成，怎么还能对自己的生活感到满意和快乐呢"），会担心他人的评价（"别人一定会想，我居然会为了这么点小事而喜不自禁，真是幼稚"）。在瞻前顾后中，我们与正面情绪擦肩而过。所以，我们常常会感到自己没有"充分地"生活。

其实，只有放开束缚，拥抱天性，我们才能充分体验各式各样的情绪。而毒性羞耻感却使得我们逐渐变得麻木，为压抑情绪而感到痛苦，也为喜形于色而感到羞愧。

◎ 失去信任

"我男朋友最近一直问我为什么对他冷淡了，是不是不再爱他了。我敷衍地说，是他多想了。其实我在工作上一直有很多压力，我的父母也给了我很多压力，想让我快点结婚生子。我很想向男朋友倾诉这些烦心事，但又觉得自己太脆弱了，这点小事都处理不好。"

来访者麦田这么跟我说。作为她的咨询师，我知道麦田

第2章 直面原生家庭

很在乎她的男朋友,但是我发现,好几次麦田都宁愿让男朋友误会自己没有那么爱他,也不愿意把自己脆弱和无助的一面展现给男朋友。

后来我了解到,麦田在童年长期受到父母的情感忽视。小学暑假的时候,父母要上班,常常把七八岁的她扔在家里一整天,也没有找其他人来照顾她。好几次,小麦田在家里感到很害怕,打电话到父母单位请他们回家,却招致父母的训斥:"你不知道我在上班吗?这有什么好害怕的?你真没用!"儿时麦田展现的脆弱天性,并没有为她赢得父母的爱与滋养,反而让她被训斥和羞辱,因此她不再信任别人能够懂得她的脆弱。

原生家庭之伤给我们带来了对于信任的困惑。哭泣的时候,有时父母会安慰我们,有时却会打骂我们,有时又会无视我们的存在……当发现了父母的反应无法预测时,我们就不愿意再轻易交出自己的信任。同时,我们也会羞耻于自己曾经轻易地相信了父母,把脆弱的自己全权交给父母,结果造成了如此痛苦的原生家庭之伤。

长大之后,面对其他人,我们也会犹豫和害怕:一旦向他们展现出自己脆弱柔软的一面,我们会不会就被他们伤害或者抛弃?

由于童年的前车之鉴,我们在人际交往方面时常过于警觉,甚至我们不愿意给自己机会去信任任何人。我们猜想,也许只有这样才有可能永远不被背叛。高度警觉的信任系统给人际关系带来了许多挫折，也让自己的内心疲惫不堪。

这一点尤其会在亲密关系中给我们和伴侣带来困扰和压力。

毒性羞耻感往往让我们感到，在亲密关系里自己永远是不够好的、不值得被爱的。我们只有戴上一副面具，才能获得伴侣的爱和接纳。麦田对我说："我不想告诉男朋友我最近遇到的压力，是因为我在他面前一直是完美的成功女性形象。如果这层形象破灭了，我就会被打回原形——一个迷茫又脆弱的小女孩。他怎么会喜欢这样的我呢？连我自己都不喜欢这样的我。"

毒性羞耻感也让我们不敢在亲密关系中表达自己的需求和感受，因为我们根本不相信对方能够接纳这些需求和感受。麦田习惯了把自己的需求和感受藏在心里："即使男朋友发现我的情绪不好，主动想要为我分担，我也不愿意告诉他我需要什么。我怕说了以后他做不到，我会更失望。"而事实上，麦田的这种做法，让她的男朋友非常苦恼。他很希望能给麦田带来安慰和支持，但是又不知道她到底需要的是什么。好几次猜不透麦田的心思后，男朋友开始在这段关系中感到疲惫。

同时，**因为没有办法相信伴侣会全心全意地爱和接纳自己，毒性羞耻感让我们时时刻刻都处在害怕失去伴侣的恐慌之中。**麦田也是一样。她的信任雷达总是在积极地工作着，扫描着男朋友的一举一动，生怕错过了任何一点背叛的蛛丝马迹。她会时不时地偷偷查看男朋友的手机和电子邮箱，尽管她知道这样做是在侵犯男朋友的隐私，而且一旦被男朋友发现，会极大地影响他们之间的关系，但是她就是停不下来。"我知道我这么做不对，但是我不知道还有什么办法可以让我安心。"

不久之后，麦田在男朋友的手机里发现了他向朋友抱怨麦田"冷漠"和"难相处"的短信，她忍不住和男朋友对峙。果然，男朋友非常生气麦田偷看他的手机，选择了与她分手。

"你看，我就知道他不可信任！"麦田哭着对我抱怨，"我再也不要相信任何人了！"

在麦田的案例中，我们可以看到，原生家庭之伤带来的毒性羞耻感导致了缺乏信任的恶性循环：麦田无法信任自己，所以无法信任亲密关系中的伴侣，造成相处中的巨大压力，导致了伴侣的"背叛"、亲密关系的枯萎。而这一切的经历，又造成了麦田今后对自己和他人更加不信任。如果麦田不做出行动识别和改善自己的毒性羞耻感，她无论和谁恋爱，都可能会陷入这样的怪圈中。

◎ 习得性无助

未成年时，我们可能在家中遭受虐待却没有办法脱身，可能遭受着父母的伤害却没有办法自救，这样的遭遇让我们深深地体会到了自己的弱小和无力，也让我们意识到自己的情绪、想法和行为在父母眼中并不重要。默默地承受原生家庭之伤，可能是我们当时唯一的选择。

如今我们已经成年，无论是物质上还是精神上，我们其实都拥有了比儿时多上几倍的能力和资源，也有了更多的生活选择。然而，毒性羞耻感蒙住了我们的双眼，让我们感受不到内心的力量，也不知道独立的大门已经向自己打开了。于是，我们错误地以为自己依旧是那个脆弱且无力的幼儿，渴求和依赖他人的照料与帮助，害怕和抗拒生活中的挑战与改变。

这，就是**习得性无助**。

在人生的挑战和波折面前，习得性无助会让我们立刻丧失斗志和勇气，让我们在还没有开始尝试之前就放弃。在咨询中和生活中，我常常听到这样的话：

我虽然对目前的工作不满意，但也不想跳槽，投简历和面试多可怕啊！

出国留学很辛苦的，我怎么可能坚持得下来。

我确实不喜欢他，但是也可以凑合过日子，万一跟他分手了，我再也找不到新的对象了怎么办？

就这样，我们错过了很多原本可能让人生更精彩的机会，对生活的态度也变得随随便便，怎么都行。看起来，我们好像是学会了放手,成了"佛系青年",但内心却缺少"佛系"的宁静,反而每天都处在对现状不满意,但又不愿做出改变的纠结之中。

因为,这"佛系生活"很多时候并不是我们真正想要的生活。所谓的"放手",说到底其实是我们向内心的恐惧感和无力感投降,把人生的选择权拱手让给了他人和环境。

这就是习得性无助的可怕之处。它会让我们认为自己的生活不由自己掌控,完全取决于其他人或者环境,因此,我们陷入了一个**"永恒的受害者"**模式中。工作进展不顺利,是因为老板不公平;恋爱受挫,是因为对方没眼光;生活窘迫,是因为财神爷没眷顾我……甚至,"我现在生活中一切的不好,都是我父母的错!"在习得性无助创造的受害者天堂中,我们永远是那个被委屈、被辜负、被伤害的人。我们停止了前进,把未来和希望全部寄托在了别人的改变上。

我们该不该允许自己愤怒

在了解到原生家庭之伤的影响后,你可能会为童年的自己感受到莫大的苦楚。与此同时,你或许也体会到了内心强烈的愤怒:原来,有人曾经伤害过无助且脆弱的我。伤害我的人居然是本应该保护我、养育我的生身父母。你甚至会埋怨老天爷,为何要将这人生的苦痛附加到一个弱小的孩子身上，让你成年后的人生也深陷于这苦涩的泥沼之中。

当人类遭遇到伤害、不公正的待遇，产生愤怒的情绪是再正常不过的天然人性反应。

可是，当体会到对原生家庭的愤怒时，我们仍然会感到惊慌失措。从小的经历让我们误以为愤怒是一种很"邪恶"的情绪，它与暴力和虐待捆绑在一起。正是因为父母的雷霆之怒，我们才会遭受原生家庭之伤。我们害怕，如果让自己充分体会对原生家庭的愤怒，我们会不会也变得像父母一样。

同时，通过童年感受到的父母权威的力量，以及浸染在中国的孝道文化中，我们适应了这样一种集体无意识：父母给予我们生命，因此他们有权对我们做任何事情。对大多数在中国传统文化下长大的子女来说，父母是神圣和权威的存在。即使理性上知道父母施加的原生家庭之伤让我们深陷苦涩的泥沼，但在感情上，我们还是觉得自己是有责任的，是坏的，是"活该的"。因此，对父母的愤怒情绪让习惯了"孝顺"的我们不知所措。有时我们情愿选择把这样的愤怒转向自己，转身又回到了"否认"的恶性循环中。

当对原生家庭之伤的愤怒来袭时，有两点重要的事情我们必须记住。**第一，感受到愤怒并不代表我们一定会用暴力和失控的方式来释放愤怒。感受到愤怒，仅仅说明了我们感受到愤怒这种情绪，我们却有能力选择使用什么样的方式**

来释放它。例如，只是简单地大声喊出"我很生气！"其实就能够帮助我们有效地释放愤怒。愤怒就像是高压锅里的蒸汽，我们越是想要压制它，它就越是激烈地想要挣脱，锅内的气压就越高。当我们不再拼命地去压制愤怒，而是把它当作和愉快、兴奋及悲伤一样的人之常情，承认和允许它的存在，它反而会以平和的形式被慢慢地释放，就像是把高压锅的放气闸打开，让蒸汽缓缓地涌出一样。正如同愉快、兴奋和悲伤等情绪会逐渐消散，没有任何一种情绪是永恒存在的，愤怒也不例外。

第二，对原生家庭的愤怒其实是成年子女对父母"去神化"的过程。当我们开始正视原生家庭之伤后，我们会发现原来神圣而权威的父母也有这样那样的弱点和不足，也会犯错误。他们也曾为人儿女，因此也会携带着自己的原生家庭之伤来做我们的父母。他们有意或者无意的伤害，也许是他们的原生家庭中传承下来的遗留问题。愤怒帮助我们在心里让父母走下"神坛"，变成他们本来的模样——两个普通人，我们当然可以对普通人的某些行为和做法产生愤怒的情绪。这并不代表我们不尊重父母，而是我们用更加符合客观事实的眼光来看待他们，来看待我们之间的亲子关系。

在完成了梳理人生过往和原生家庭之伤的两个练习之后，我们可以尝试以下练习来帮助我们承认和释放对原生家庭的愤怒。同样地，如果你正在接受心理咨询、心理治疗或者药物治疗，请让你的心理咨询师或者精神科医生知道你在做以下练习。

练习3：承认和释放愤怒

回到练习2（"我希望父母没有做过/说过的事情）你所列出的例子中，选择一例，闭上眼睛，让回忆把你带回那个场景当中。

例如，你选择了"我希望我的妈妈没有在邻居的注视下打我两个耳光"。试着在脑海中回忆出当时的场景。试想着现在的你，作为一个成年人，站在当时的场景中看着童年的你被母亲在邻居面前打了两个耳光。

请注意你现在身体的感知。你身体的哪里感受到了变化？可能你发现胃部突然紧缩，上下牙齿咬得紧紧的，眉毛皱起，攥起了拳头……你任何身体的感知变化都值得注意。

这时，你可以大声地说："我很生气！我很生气！我真的、真的很生气！"

深吸一口气，呼出，允许这样愤怒的情绪在身体中弥漫、扩张。不用害怕，你不需要做任何事情去消除这样的情绪，你也不需要做任何特别的事情来释放这样的情绪。任何情绪都是暂时的，愤怒也一样。

深吸一口气，呼出，感到愤怒的情绪一同被呼出。

再一次，深吸一口气，吐出，感到愤怒的情绪随着吐气一同被吐出。

你可能会止不住地颤抖，可能会泪流满面，可能会浑身紧绷。都没有关系，你不需要做任何事情去消除这样的反应，你也不需要做任何特别的事情来改变这样的反应。任何情绪的反应都是暂时的，愤怒的反应也一样。

保持呼吸，在心里默念"我允许自己感受愤怒，我的愤怒终将消散"。

持续呼吸和在内心默念，直到你确实感到了身体感知和愤怒反应的消散。

沉浸于吐槽父母，我们得到了什么

近几年来，随着网络社区的蓬勃发展，对原生家庭之伤的愤怒情绪获得了一种全新的表达形式——在网络论坛上集体吐槽父母。发帖吐槽自己父母的网友常常自称"小白菜"，比喻自己在童年遭受到了父母的不公正待遇。

在我看来，这些网络集体吐槽的帖子，虽然有不少戏谑和情绪宣泄的成分在，但倾诉的都是"小白菜"刻骨铭心的原生家庭之伤，包括身体虐待、言语虐待、性侵犯或者性骚扰、被忽视、目睹家庭暴力、被父母极端控制等。

这些网络集体吐槽的帖子中最让我震惊又欣慰的是，看到几乎每一篇控诉童年遭遇的原文下面都有数个评论说**"这也发生在我的身上"**。我震惊于这些骇人听闻的原生家庭之伤居然是这样的普遍，又欣慰于"小白菜"终于找到了一个共同的地方可以倾诉遭遇。

在我国的独生子女政策下，受原生家庭之伤的子女在成长过程中可能并没有兄弟姐妹，可以与之分享对于原生家庭的愤怒、伤心、内疚、期待等复杂的情绪，绝大多数的子女一直独自默默地承受着原生家庭之伤带来的苦楚和羞耻。而网络论坛把"小白菜"聚集到了一起，一句"我也是"有效地降低了原生家庭之伤带来的毒性羞耻感，让"小白菜"彼此心领神会：原来我不是唯一一个。

这样共享"秘密"的感觉，增强了网络论坛作为一个集体的亲密感和凝聚力，也为"小白菜"赋权：我们不再是那个没有任何力量的儿童了，可以作为一个集体组织团结起来，共同"反抗"原生家庭之伤，夺回属于自己的权利。

同时，网络论坛的匿名性和虚拟化，也协助了"小白菜"体会和表达对原生家庭的愤怒情绪，因为用键盘敲击出来的控诉总是比亲口说出来要容易得多，也非个人化得多。"小白菜"通过网络吐槽，其实是在承认这样一个事实：**"最应该保护和疼爱我的父母，在我最脆弱、最无助的时候狠狠地伤害了我"**。承认这样一个事实会给我们带来愤怒、痛苦，甚至是绝望，而网络论坛的匿名性和虚拟化又恰到好处地帮助"小白菜"把这事实隔离在现实生活之外。

在各式各样的网络论坛中，我也看到了许多"小白菜"留言感叹：原来这世界上有那么多的父母曾给予子女沉重的伤害。网络集体吐槽打破了"天下无不是的父母"的孝道文化的禁锢,帮助"小白菜"在心里让父母走下神坛,接纳自己对父母的劣行和缺陷的愤怒。

"小白菜"通过网络论坛集体吐槽父母,完成了在疗愈原生家庭之伤中重要的两步:①承认和正视原生家庭之伤;②"正常化"自己对于原生家庭的愤怒。这是豆瓣"父母皆祸害"小组和其他控诉原生家庭的网络集体存在的重要意义。

然而,由于网络论坛并非由专业人士组织,网友吐槽中夹带的愤怒常常没有被合理地引导和疏解,导致了近些年来网络集体吐槽原生家庭的行为开始向偏激化和盲目化的方向发展。

我们失去了什么

父亲无用,母亲刻薄,如果他们也像别人家的父母那样聪明智慧,我何至于会到今天……

从这样的家庭出来,我在起点上就输了,还怎么跟人家竞争?

童年家庭不幸造成了我如今自卑又敏感的个性,我已经认命了。

网络论坛上,这样的抱怨比比皆是。隔着屏幕,我也能感受到发帖人心中的无奈和怨恨。

虽然网络集体吐槽父母为成年子女提供了正视原生家庭之伤的安全空间,但是沉浸于吐槽当中也带来了副作用——**助长了成年子女的习得性无助。**

前文说过,由于童年的不幸经历,我们错误地以为成年以后的自己也是弱小的、没有力量的,甚至不相信自己对生活是有掌控权的,这就是原生家庭之伤带来的习得性无助。盲目的网络集体吐槽正好强化了这样的无助感。它传递出"原生家庭毁一生"的想法,让我们认为既然没有办法重新选择原生家庭,那这一生从头就已经被注定了。我们永远都是糟糕的原生家庭的受害者。

这样"永恒的受害者"模式否认了我们作为人的韧性和智慧,忽视了自身的成长,也忘记了人生终究是自己的责任。我们就这样轻率地把自己的人生希望寄托在了原生家庭身上,把自己本可以拥有的力量拱手交给了父母。

网络论坛集体吐槽也许能够帮助我们完成承认和正视原生家庭之伤,以及"正常化"自己对于原生家庭的愤怒这两步,但很不幸的是,若是我们常常沉浸于吐槽父母的行为中,它所带来的习得性无助使我们到此便无法再前进了。而仅仅完成这两步,其实并不能对于我们的现实生活带来什么实质性的改善,更不可能把我们拉出原生家庭之伤的泥沼。

古语曰,往者不可谏,来者犹可追。**遭受原生家庭之伤**

不是我们的过错,但是走出原生家庭之伤却是我们的责任。
想要在心里否定一个人、一段过往、一个家庭、一个信念是很容易的,难的是怎么去重建一个新的生活。

> **总 结** ……
>
> 原生家庭之伤对我们的人生发展产生了重要的影响,只有排除了自我防御机制的干扰,我们才能进一步认识到这些影响。从小,我们被迫戴上了"面具",来更好地适应充满创伤的原生家庭环境。在面具之下,我们产生了"自己本身就是一种错误"的毒性羞耻感。这种羞耻感让我们逃避情绪,失去信任,深陷于习得性无助。意识到原生家庭之伤的影响后,愤怒是一种正常的情绪反应,也是我们对父母"去神化"的过程。沉浸于网络集体吐槽父母虽然能帮助自己承认和正视原生家庭之伤,却也会令自己深陷"永恒的受害者"模式中。

第 3 章

为何原生家庭会伤人

在正视原生家庭之伤和感受到其带来的影响之后,你的内心也许正在被过往的痛苦经历冲击着、震撼着。你痛苦、愤怒,却又无可奈何。在这纷杂的情绪中,你可能尤其想问问父母,为什么要将这些刻骨铭心的苦难施加到你的身上?

俗话说,虎毒尚不食子。然而,为何在生活中,本该是保护我们、滋养我们的父母却给我们施加痛苦?是什么导致了父母对我们的控制、忽视、攻击甚至虐待?是什么改变和扭曲了父母天然的爱子之心?

在本章中,我们将通过了解父母来分析原生家庭之伤的源头。

了解父母，打破原生家庭魔咒

看到这里，你也许会问，为什么要去了解伤害我们的人？对于施加给我原生家庭之伤的父母，我只想尽力地摆脱他们。

你绝对不是唯一一个有这样疑惑的人。在我的心理咨询工作中，许多有着原生家庭之伤的成年人寻求心理咨询的首要目标，就是"不要变成像我爸（我妈）那样的人"。

然而，讽刺的是，许多时候我们越是想要脱离父母对我们的影响，我们越是会陷入泥潭之中：我们会发现，自己着急、生气时候的样子，自己苛责自己的样子，真的很像那个我们最不想成为的人。在相安无事的时候，我们刻意地朝着和父母完全相反的方向奔跑着前进。而情急之下，我们又会做出和父母一模一样的选择。

这种现象的产生，和我们之前说到的人类在遭遇到伤害时自动产生的自我保护机制有关。当幼年的我们无法抵抗来自父母的原生家庭之伤时，我们只能够顺从父母，在潜意识中，我们吸收了父母的一部分性格特征、思维模式，通过"模仿"父母的言行举止来更好地适应父母创造的环境，这在心理学上称为"心力内投"（introjection）。久而久之，我们潜意识中模仿父母的部分逐渐演化成了我们自己性格特征、思维模式的一部分，这在心理学上称为"仿同"（identification）。

遗憾的是，一般我们会模仿和演化的，是父母在亲子教养中对我们最苛刻、最残酷、最"坏"的那一部分。因为这一部分给我们的冲击最大，最容易被我们牢记。而且，吸收了父母最"坏"的一部分，会让年少的我们幻想自己拥有了部分可以和父母抗衡的力量。这种虚构的力量可以在失调的原生家庭中保护我们的心灵，让我们至少能够在原生家庭中熬到长大成人。因此，我们会看到，被父母暴力虐待的孩子成年以后往往也会陷入暴力的关系中，夹在父母不幸婚姻中的孩子长大结婚之后往往也夫妻不睦，原生家庭之伤的阴影诅咒般地重复在一代又一代人身上。

有人说孩子是父母的一面镜子，其实父母也是孩子的一面镜子。年幼无知的我们在与父母的互动中学习与他人相处的技巧，学习看待自己和世界的态度。原生家庭之伤给父母这面镜子蒙上了一层厚厚的灰，因此我们通过父母看到的自己、他人和世界是残缺的、迷茫的、扭曲的。

那真实的自我、他人和世界到底是什么样？我们只有把镜子上的灰擦掉之后才能看得清楚。也就是说，我们可能只有在真正了解了父母之后，才可能纠正之前父母通过原生家庭之伤施加给我们的残缺的、迷茫的、扭曲的观点和思维模式，真正地看清自我、他人和世界。

不论我们愿意不愿意，我们的身体和心灵中都残留了父母的痕迹。**因此我们只知道原生家庭之伤是父母的错，是没有用的。我们需要知道的是父母错在了哪里，以及为什么**

错了,我们才能真正地从根本上扭转自己身上的原生家庭之伤,打破这诅咒般的恶性循环。

需要牢记的是,我们用理性的眼光来看待施与原生家庭之伤的父母,其目的绝不是为父母"脱罪"。父母的言语行为造成了我们的原生家庭之伤,这是不能更改的事实。无论是何种原因导致了这些言语行为的产生,也并不能抵消父母的伤害实际上给我们带来的痛苦和愤怒。

爸妈,请不要这样爱我

有些遭遇过原生家庭之伤的成年子女来访者,在做"我的人生故事"练习(见第2章)的时候发现,自己的父母并不是从一开始就是这样的。在一些来访者的孩童时期,父母是充满爱和滋养的,也曾经支持和鼓励来访者的婴儿和儿童天性的成长与发展。

然而,来访者在逐渐长大成人的过程中,和父母的关系却朝着负面的方向发展。

来访者琳达这样形容她和母亲关系的变化:"我来自一个单亲家庭。在小的时候,我和妈妈的关系是非常亲密的,我很感激她对我无微不至的关心和照顾,从小我的吃穿用度都让班级里的小朋友非常羡慕。然而,到了青春期,她的这种关心和照顾却变成了套在我头上的紧箍咒。从学习到交友再到课外活动,甚至是穿什么颜色的袜子、梳什么样的发型,她都要帮我规定好,不允许我自己做出决定。后来,考大学填志愿,包括现在找工作、找对象,也都要按照她的想法来,不然妈妈就会像祥林嫂一样跟我抱怨这几年她为我吃的苦,让我感到万分内疚。如今我已经成年,却依然无法为自己的生活做主,这让我真的很绝望。同时,我很怀疑自己是否真的有能力承担起生活的责任,也害怕如果我真由自己做主,会伤了妈妈的心。"

与此同时,母亲对琳达的想法感到非常的疑惑和委屈:"虽然你已经25岁了,但你在我的眼中永远都是宝贝啊!我怎么忍心看到我的宝贝受苦?从小到大,再艰难的生活条件下,我都是护着你、宠着你的。现在生活条件变好了,只要是我力所能及的,我当然都要为你安排好。你为何不能理解我的苦心?"

很显然,琳达受到了母亲过度控制和情感敲诈的伤害,造成了她如今虽已成年却仍然需要依赖着母亲生活。在母亲的影响下,琳达对自己的能力毫无信心,并且对自我独立的想法感到羞耻和内疚。而从母亲的角度来看,自己的所作所为都是出于关爱,怎么会造成子女的伤痛呢?

母亲对琳达的伤害,是非常典型的由于家庭成长停滞造成的原生家庭之伤。这样的父母,所作所为的出发点往往确实是充满了爱与滋养。然而,**因为父母无法完成家庭成长任**

务，以及阻碍子女与父母之间必然的权力过渡，父母"不合时宜"的爱和滋养导致了原生家庭之伤。

家庭也会成长与发展

家庭是一个不断变化和调整的动态系统，如同生命一般会成长和发展。就像人的一生会经历婴儿期、儿童期、青春期、成年期和老年期等阶段，家庭也会经历相似的成长阶段。**不同的阶段，家庭有不同的成长任务，来满足家庭中个体的发展需求。**

在上文来访者琳达的故事中，当琳达进入了青春期后，她的家庭却没有办法完成相应的家庭成长阶段任务——抚育青少年，使得琳达作为青少年的发展受到了挫折和伤害。**当一个阶段的成长任务未完成时，家庭就无法正常成长到下一个阶段**。于是我们看到，当琳达成年后，本来应该是成年子女离开家庭、开展新人生的家庭阶段，琳达和母亲的家庭成长却停滞了。家庭成长的停滞压抑和限制了子女的成长，造成子女在个人成长需求和与家庭需求之间左右为难。如今就算琳达想要离开家庭、拓展自己的新生活，也会为自己和家庭所处的成长阶段格格不入而感到羞耻和痛苦。

在这里，我参考了美国心理学家贝蒂·卡特（Betty Carter）和莫妮卡·麦戈德里克（Monica McGoldrick）的《成长中的家庭》（*The Expanded Family Life Cycle*）一书中的结论，来解释各个阶段的家庭成长任务。

值得一提的是，在现代多元化的社会，家庭结构也发生了重大的变化。例如，出现了不婚的个人、无孩的丁克家庭、同性婚姻家庭等。在这些家庭中，家庭成长任务的概念显然就不适用。我非常支持家庭的多元化发展，但鉴于本书的写作目的，我仅讨论传统的家庭结构：一夫一妻制有孩家庭。在这里，核心家庭指的是一对夫妻以及其未婚子女组成的"小家庭"。扩展家庭除一对夫妻及其未婚子女外，还包括其他成员，如夫妻双方的父母、兄弟姐妹等。

家庭成长阶段和任务

第一阶段：单身的年轻成年人

这一阶段最重要的任务就是年轻的成年人离开原生家庭，在心理上和经济上成为一个独立的人，通过发展事业、人际交往、自我探索等形成个人生活目标与自我认同。这个阶段在心理学家看来非常重要，它直接决定了该成年人是否能够成功地完成家庭成长周期的各个阶段。

第二阶段：寻找伴侣，组成新的核心家庭

这一阶段最重要的任务是单身的成年人寻找到合适的伴侣，并与其组成新的核心家庭，帮助配偶进入自己的扩展家庭和社交圈，同时也与配偶的扩展家庭和社交圈建立起联系。

第三阶段：成为父母，家庭新成员的诞生

这一阶段的家庭最重要的任务是迎接新成员的到来。已为父母的成年人需要为孩子的到来调整彼此的相处模式，共同投入到教育孩子、提供经济支持以及家务劳动中。同时，父母需要重新处理与各自扩展家庭的关系，共同协商养育下一代以及照料上一代的角色和任务。

第四阶段：父母培育青少年成长的家庭

这一阶段最重要的任务是父母改变与子女的亲子关系，给处于青春期的子女更多的空间，培养和支持子女的自主选择能力，为下一个阶段子女能够离开原生家庭、成为独立自主的成年人做准备。父母同时要关心自己已经步入中年的人生、婚姻和事业，并且开始将重心转移到照顾上一代上。

第五阶段：成年子女离家，父母继续自己的家庭生活

这一阶段最大的改变来源于子女成年，需要离开家庭，开展自己的人生。而家庭在这一阶段最重要的任务是支持子女离开父母、开始自己的新家庭成长周期，接纳亲子关系转变为平等的成年人亲子关系。同时，父母应该调整自己的婚姻关系，更好地适应"空巢"模式的核心家庭生活。这一阶段，父母可能也需要面临上一代的死亡或者对自己完全的依赖。

第六阶段：父母衰老，进入家庭晚年

这一阶段中父母的身体逐渐衰老，需要他人（常常是成

年子女）的照料。家庭在这一阶段最重要的任务，是接受"已到晚年"的现实，这样父母才能够探索新的社会和家庭角色（例如，处于退休状态中、成为祖父母等），接受子女或他人的照顾和赡养，享受晚年生活。同时，父母需要学会处理可能会失去伴侣、朋友、亲人的失落，并且为自己生命的晚年做好准备。

成长停滞造成了伤害

从子女的角度来看，我们会发现家庭的成长任务大部分是根据子女个人的发展需求来演变的。能够完成家庭成长任务的父母，必然能够尊重子女在成长各个阶段所体现的天然特质。

当子女为幼儿时，成长与发展极度需要家庭的照料。父母就是幼时我们的天和地。就算父母在亲子关系认识上有很大的缺陷（例如，父母有强烈控制欲，视子女为父母的所有物，不尊重子女作为个体的权利），只要他们能够给我们生理所需，我们还是会毫不犹豫地去服从他们，并且感激他们，否则我们将无法生存。

进入青春期之后，我们在生理上已经成熟，我们不一定要依赖家庭才能获得生理所需。但是，在情感和心理上，我们还是非常稚嫩的。此刻，我们需要家庭来培育我们的情感和心理健康，也需要家庭给我们锻炼独立自主能力的机会。而这时，在亲子关系认识上有很大缺陷的父母就没有办法满足我们的需求。他们可能只会继续给我们提供无微不至的生理所需，但是却漠视甚至厌恶我们新萌发的情感和心理需求。

从父母的角度来看，家庭成长阶段和任务的变化与过渡，必然意味着父母对子女生活掌握的逐渐减少。就像龙应台写的那样，"我慢慢地、慢慢地了解到，所谓父女母子一场，只不过意味着，你和他的缘分就是今生今世不断地在目送他的背影渐行渐远。你站立在小路的这一端，看着他逐渐消失在小路转弯的地方，而且，他用背影默默告诉你：不必追。"

在西方社会中，受到宗教影响，大部分父母认为孩子和自己都是上帝的子民，自己本来就没有权利主宰子女的人生，因此培养子女独立生活的能力、支持子女早点离开家庭是一个自然而然的过程。

相反，对于习惯了"背着孩子前行"、视子女为自身一部分的中国父母来说，要接受家庭成长中必然会发生的、子女逐渐脱离家庭的过程，是一个极大的心理落差和观念挑战。在传统大家族环境下成长起来的中国父母，大多数并不懂得家庭是会成长和变化的。在他们成长的年代里，几乎家家都是几代同堂的情况，并没有经历过成年的个体需要独立出家庭的这一阶段。

面对子女新一代的独立意识，传统观念较强的中国父母很容易把正常的家庭成长阶段过渡当成是对自己的攻击和挑

战，因此不愿意完成家庭成长任务，也无法让家庭顺利过渡到下一个阶段。

生长于小城镇的来访者小陈来到大城市 H 市读本科，毕业后小陈决定留在 H 市工作，却遭到了父母的强烈反对。原来，父母早已给小陈在家乡找到了一份闲职，也准备好了婚房，就等着他毕业了回到老家过上平淡却富足的生活。而父母的美梦，却被儿子想要在 H 市闯出一片天地的决心所击碎。为此，小陈父母常常打电话给小陈，哭诉自己的思念之情以及责骂他不孝顺，还发动亲朋好友一起给他做思想工作。这对于刚刚在大城市站稳脚跟的小陈来说，实在是一种精神上的折磨和痛苦。工作上的压力加上家庭的不理解，让小陈的心情深陷谷底。

在和小陈父母的交流中，我了解到他们一直生活在家乡安逸的小城镇中，从未离开过自己的大家庭，因此儿子离家的决定给父母带来了很大的精神冲击。他们为小陈并没有顺从自己的意愿回家而感到失望，为自己费心帮助小陈铺路却得不到回报而感到委屈，也为自己无法再掌控小陈的生活而感到恐慌……种种负面情绪翻涌上来，小陈父母自然而然地把小陈的离家理解成对自己的攻击——"不孝顺"，于是对他产生怨愤的情绪，做出过分控制、情感敲诈、言语攻击等伤害行为来捍卫自己的权威。

许多不能接受家庭阶段的自然过渡、不愿意完成家庭成长任务的中国父母,可能并不是不爱子女,而是不知道该怎样爱日渐成熟、独立的子女。大多数中国父母辈的成长环境和如今社会大环境非常不同。20世纪50年代或者60年代的中国社会,依赖的是紧密结合的大家族关系,而如今社会需要的是成熟独立的个人。社会的巨变,强烈地冲击着中国的家庭形式和结构。时代的进步,造成了父母与子女之间这道深深的鸿沟。

不懂得,也没有经历过家庭成长阶段的父母,就像小陈父母那样,会因不知道该如何揣度子女新生的成长需求而变得充满防御性。其实,造成原生家庭之伤的背后,是他们对家庭和社会变化的害怕与迷茫。

家里谁说了算——权力的过渡

根据家庭心理学家萨尔瓦多·米纽庆的理论,家庭阶段的成长和发展也会带来家庭权力的过渡。家庭权力,指的是在家庭中谁可以做最终决定。

在家庭成长的第一、第二阶段,没有子女的时候,父母掌握着核心家庭的最大权力,其他扩展家庭成员,例如祖父母、兄弟姐妹等,可以给父母建议、帮助和资源,但是却不能为他们做主。

在家庭成长的第三阶段,子女诞生了。作为幼儿的子女是懵懂无知的,没有做出判断和决定的能力。因此,父母依然掌握着核心家庭中的最大权力。有些比较民主开放的家庭，父母会给子女一些讨论的空间，但最终的决定权还是在父母手里。

值得一提的是，如果在这一个阶段，父母采取放手的态度，把家庭权力全权托付给子女，对年幼的子女来讲依然是一种伤害。比如，父母过分关注自己，对子女的生活不管不顾；或者父母过分宠溺子女，对子女有求必应，这样两种极端的情况都会造成原生家庭之伤。对于年幼的儿童来说，可以毫无限制地决定自己的生活，甚至决定父母的生活是一件很令人迷茫和可怕的事情。因为儿童的身体、情感、智力都还没有发育成熟，无法合理驾驭这么大的权力。过多的家庭权力会放纵子女的自恋情结，长大后的子女很有可能成为一个缺乏同理心、时刻想要凌驾于他人之上的霸凌者，或者成为受挫能力很差、缺乏韧性和毅力的弱者。

在家庭成长的第四阶段，子女走入了青春期，大多数父母进入了中年期。此时，尽管子女急迫地想要更多的家庭权力，但由于青少年在情感和心理上都未真正成熟，父母仍应该是家庭权力的主要掌握者。与此同时，父母也需要不断为子女提供体会和使用家庭权力的机会，这不仅是为了满足子女成长的迫切心情，也是为了培养子女的独立性、自我奋斗精神及家庭责任观，为家庭成长到下一个成长阶段做准备。父母会通过允许青少年子女为自己的生活做一些无伤大雅的决定（例如穿衣打扮、追求流行音乐等），或者通过允许青少年承担一些家庭和社会责任（例如做家务、做义工服务等）来赋予青少年子女越来越多的家庭权力，帮助自己和子女过渡到下一个阶段。

通过第四阶段父母不断地赋权，在家庭成长的第五阶段，已经成年的子女将和父母拥有同样多的家庭权力。父母不能再为子女做最终的决定。同样地，子女也不能再依赖父母为自己安排好一切。父母和子女之间的关系，过渡到了平等的、相互尊重的成年人与成年人之间的关系。只有拥有了和父母一样的家庭权力，成年子女才可能脱离原生家庭，开始自己的新家庭成长周期。

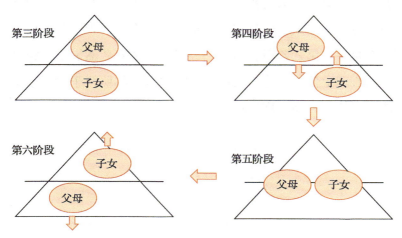

图 3-1 父母与子女的家庭权力过渡示意图

到了第六阶段，父母已经年迈而衰老，在中国的国情下，大多数成年子女将承担起照顾父母的责任。在第六阶段的后期，父母也许会因为生理衰退、收入减少等原因无法自已做决定，成年子女在父母家庭中所拥有的权力很可能最终会高于父母（见图 3-1）。

权力过渡受阻造成了伤害

在社会文化和经济发展的影响下，中国家庭中的权力问题主要集中在第四阶段向第五阶段过渡的过程中。**一方面，父母牢牢把控家庭大权，抑制和阻碍子女获取适当的家庭权力，与急需生长空间的子女产生激烈矛盾；另一方面，子女虽心有不甘，但由于害怕承担经济和生活压力，自己也并不愿意完成家庭权力的交接。**这样父母与子女相互依存、相互拖累造成的结果，就是家庭无法完成正常的权力过渡。到了第五阶段和第六阶段，虽然已经成年，子女依然需要在经济上和心理上依赖父母，父母依然需要管束和照料子女，子女成为所谓的"啃老族"。

来访者小林的父母都是大学教师，家庭条件比较优渥，自小受到娇宠，连学校打扫卫生都是父母代劳。小林大学毕业后，靠着父母的介绍找到了一份闲职。由于这份工作薪水并不高，小林选择继续和父母住在一起，父母也十分乐意继续照顾宝贝女儿的生活起居。这样一住就是四五年，小林在享受父母无微不至照料的同时，也十分苦恼父母对自己的管束。小林表示，父母依然会像小时候那样规定她必须要在晚上 12 点钟前回家，依然会过问她的交友圈、工作状况和个人爱好，依然会不敲房门就进她的房间。更让小林苦恼的是，最近父母在不断劝说小林去相亲，希望她早日找到一个上门女婿。小林烦恼不堪，认为父母对自己的生活过分控制。

"你有没有想过从家里搬出来独自生活呢？"我问。

"可是，我没有存款，也没有好工作，我怎么可能独立生活呢？"小林想了想说，"这一切都是我父母的错，他们怎么可以这么不尊重我作为成年人的权利？应该改变的是他们，而不是我！"

像小林和父母这样别扭的依赖关系，在很多"啃老族"身上都能看到：一边怨恨着父母的管束，一边又舍不得离开父母的照顾。这既是父母的悲哀，也是子女的悲哀。对于小林来说，她遭受了原生家庭之伤是事实，父母未能完成家庭权力的过渡造成了对她的情感之伤。但与此同时，她屈服于自己的软弱和怯懦，紧抱着"永远的受害者"身份，而令自己深陷原生家庭之伤不能自拔也是事实。如果小林和父母都不愿意承担起属于各自的家庭权力和责任，无论怎么相处，小林和父母的关系只会在相互激怒，又相互纵容中变得越来越差，小林也会在原生家庭之伤中越陷越深。

孝顺文化也应与时俱进

有些人认为，家庭权力过渡带来父母权力的不断减小，子女权力不断增大，是对父母权威的不尊重，会导致亲子关系向更加负面的方向发展。例如，上文来访者琳达认为，自己如果开始主动掌握人生大权，会让妈妈伤心，也会让自己内疚；又例如，上文来访者小陈的父母认为，小陈坚持追求自己人生的权利，是对父母的不孝和伤害。这样的想法，很大程度上是受到了传统孝顺文化的影响。

在传统孝顺文化中，"孝"体现为子女对父母权威的绝对顺从，父母对子女的一切行为都是合理的，并塑造"父母既然生了子女，就有权力对子女做任何事"的幻象。这样的思想，并不是在帮助父母与子女建立相互尊重、相互关爱的亲子关系，而是在维护父母权威至高无上的地位，形成父母"管束"子女的上下级关系。然而，失去平等的亲子关系，不仅会阻碍子女的个人发展，而且会影响到父母的幸福生活，更加不利于亲子之间建立良好的关系。

小万和妻子一直和小万的父母住在一起，享受着父母为自己洗衣做饭的便利。没过几年，双方父母都想抱孙子了。尽管小万和妻子并没有做好当父母的准备，也没有经济能力抚养一个幼儿，但是为了让父母高兴，小万和妻子还是顺从父母的意愿生了一个大胖小子。孩子一断奶，小万和妻子就把孩子丢给了父母，自己做起了潇洒的甩手掌柜。小万觉得，父母来照顾孩子是天经地义的事情："是父母要的孙子，当然他们要负责养咯。"双方父母虽然非常忧心于小万和妻子对孩子不闻不问的态度,但是也无可奈何,只得放弃自己安逸的退休生活,替代小万和妻子养育幼儿。

像小万父母这样不仅需要照料子女,还要照料孙辈的父母,在中国社会是非常常见的。这样的父母不敢"退休"。自始至终,他们从未给过子女长大的机会,也从未给过子女独当一面的权力。他们对子女的独立生活能力有着深深的不信任,对自己力所不能及的未来有着无尽的焦虑和恐惧。所以,尽管已经上了年纪,但他们还得继续承担家庭主要照顾者的角色。

然而,不管这样的父母有多不愿意放手,事实上,父母在一天天地衰老,总有一天会失去照顾他人,甚至是照顾自己的能力。此时,一直享受着父母照料的子女能否承受得住这突如其来的重任?比如我的朋友小万,作为独生子女的他和妻子能够承担起未来照料四个老人和一个小孩的责任吗?

传统的孝顺文化忽视了这样一个事实:**在任何关系中,只有平等的权力,才能带来真诚的尊重和融洽的相处。不平等的关系,一定会造成被管束方(子女)的反抗和怨愤,管束方(父母)的压力和恐慌。**家庭权力过渡的最终目的,是让父母和成年子女回到各自的家庭角色中,拥有彼此应该拥有的权力,承担各自应该承担的责任,享受平衡的生活,建立更加和谐、融洽和自然的亲子关系。

如果作为子女的我们盲目顺从了父母的意愿，放弃了自己的家庭权力，继续在父母的羽翼庇护下生活，那我们就必然无法成长为一个有独立意识、能够适应社会、拥有家庭责任感的现代成年人。在如今竞争激烈的社会中，在成长阶段上落后的我们也极有可能在父母未来需要我们照顾的时候，缺乏足够的经济能力或者心理能力来赡养父母。因此，在现代社会中，传统孝顺观念里对父母的顺从和对父母的赡养其实是相互矛盾的。

时代在变迁，传统美德也需要与时俱进。新时代的"孝顺"文化应当鼓励子女争取家庭权力的过渡，成长为一个独立、成熟的成年人，这样才能在父母需要的时候更好地回报父母。

创伤使人爱无能

我始终不相信这句话：天下没有不爱孩子的父母。因为当我回忆起往事的时候，我的父母从未对我展示过任何有关爱的语言或者行为，他们给我的，只有痛苦、仇恨和迷茫。

在咨询生涯中，我听过不少类似这样的肺腑之言。许多遭遇原生家庭之伤的来访者向我倾诉，自己从一出生就从未感受到父母和家庭的爱与滋养。

这些来访者的感受让人心碎。在美国儿童保护机构实习的那段时光中,我也曾亲眼看见一些父母对子女做出种种骇人之举。而近些年来,孩子被父母殴打折磨致残甚至致死的事件在中国社会中也时有发生。我不知道该怎样用"舐犊之情"来解释这些父母的残忍行为,"爱子之心,人皆有之"对我来说只是一种对人性的美好假设。

后来我明白了,**爱是一种能力,而不是天赋**。我们每个人的心里都有块情感电池,只有这电池里充满爱的电量,我们才能对他人输出爱和滋养。然而,如果这电池中充满了生活的伤痛,那么我们能给予别人的,必然也只是怨愤和痛苦。

相当一部分施与原生家庭之伤的父母在经历成长的苦涩、时代的伤痛和生活的不幸之后,他们内心中的情感电池里储存了大量的创伤电量。不幸的是,由于时代、家庭和个人的局限,他们既没有渠道释放创伤电量,也没有机会获得爱的电量。因此,在人生的旅途中,他们逐渐丢失了部分或者全部爱的能力。

创伤成了家族"遗产"

来访者查理告诉我,他从未感受过父亲的爱。"从记事起,我就经常受到父亲的殴打。因为我没有做作业,或者偷看电视等小事被打得浑身乌青、满头是包、遍体鳞伤,已经成了家常便饭。每次他打完我,都说他是为了我好。我觉得他这样的说法简直恶心极了!明明是在虐待我,为什么还要说是为了我好？"

查理愤怒地握紧了拳头，继续说："我也向其他家人求助过，但是他们告诉我，父亲小时候也是这样时常被祖父殴打，还有次因为偷拆圣诞节礼物而被爷爷打断了胳膊。因此其他家人觉得，现在父亲打我也是正常的。知道了这段历史后，在家庭聚会时，我观察到父亲在祖父面前唯唯诺诺又充满怨恨的样子，就好像我在父亲面前那样。我顿时感到父亲真是又可恶又可怜。"

说到这里，查理紧握的拳头突然松开了。他叹了口气，眼眶里含着泪，说道："暴力和恐惧，似乎成了我们家族世代相传的'遗产'。"

像查理父亲这样既是创伤的施加者，又是创伤的受害者的父母并不少见，未经处理的心灵之伤占据着这些父母内心的情感电池，吞噬着爱的电量。正如本章开头所述，在力量悬殊又无路可逃的时候，人类会自动产生自我保护机制，通过认同加害者行为、性格、思想等方式，来更好地适应加害者创造的环境。查理的父亲由于童年常常被祖父暴力虐待，在潜意识里只得认同祖父的育儿模式，情感电池里缺乏健康父子之爱的电量。因此，如今面对查理，父亲也只有储存了多年的创伤电量可以输出。"我这么做是为你好"，查理的父亲看似在为自己的暴行辩解，其实也是在为祖父的虐待做出解释，试图合理化自己童年的遭遇。

第 3 章 为何原生家庭会伤人

父母内心的情感电池中储存的无法纾解的创伤电量，通过亲子教养的方式输出创伤给下一代，甚至再下一代的现象，在心理学上称为创伤的代际传递（transgenerational transmission of trauma）。 许多时候这并不是父母有意为之，而是他们情感电池中未处理的创伤电量拥有令人无法逃脱的、诅咒般的威力。

在中国社会，由于近百年来的社会动荡和变化，创伤的代际传递现象格外普遍。我们这一代人的父母（出生于 20 世纪五六十年代），可能不仅经历过家庭小环境中的个体创伤，也经历过大跃进、三年困难时期等社会大环境中的集体创伤。然而，由于那个年代普遍对精神健康的认识不足，经历过这些创伤性事件的父母并没有机会接受任何心理支持和帮助，甚至没有机会去正视自己曾经受到的伤害。这些大大小小的创伤回忆和它们带来的创伤电量，就乱糟糟地存放在我们父母的情感电池中，挤占了原本属于爱和滋养的空间。

来访者雪丽出生于中国的一个农村家庭，家里还有一个弟弟。凭借着自己多年来的艰苦努力，雪丽考上了某名牌大学，毕业后成了外企白领。不久，弟弟准备结婚了，雪丽的母亲要求雪丽把自己存款的 2/3 拿出来给弟弟买婚房。雪丽气愤至极："弟弟也有工作，为什么他不能自己出钱买婚房？当年我刚毕业连泡面都买不起的时候，母亲从未给我一分钱的资助，还讽刺我说你一个女孩子，找人嫁出去，房子车子不都有了吗。现在弟弟需要钱的时候，母亲就来剥削我！"

想到了往事，雪丽哭了起来："从小我的成绩就比弟弟好，我也比弟弟听话懂事，但是母亲的眼里只有弟弟！我考上名牌大学的时候，应聘上外企的时候，她一句肯定的话都没有。而弟弟只是大专毕业，她就欢天喜地得跟什么似的。那我呢？母亲什么时候才能看到我的价值？"

我听着雪丽的哭诉，内心也为她难过。但是我明白，雪丽最后的那个问题，可能永远都没有答案。就算雪丽现在决定把所有的存款都拿出来给弟弟买房子，她的母亲很有可能还是看不到她的价值。

雪丽母亲根深蒂固的重男轻女思想就是非常典型的"中国式创伤"的代际传递。在中国的一部分地区，不少像雪丽母亲一样的妇女一方面承受着重男轻女思想带来的创伤，另一方面又会前赴后继地成为其同谋。

从小到大，这些妇女就被身边的所有人灌输男性比女性更宝贵、女性的价值仅仅在于"生儿子"的思想，这是她们面临的集体创伤。而在生下女儿之后，她们极有可能又遭遇到个体创伤：可能受尽了家里人的白眼和村里人的冷嘲热讽，可能会为了尽快生出儿子而损伤身体，可能为了超生而不得不拼命赚钱，有些人还可能会被家庭暴力。她们的一生都被这样的双重创伤压迫着，内心的情感电池积攒着深受其害的痛苦和愤恨，找不到出口也看不到光明。待到角色转变成为母亲、婆婆，这些妇女就会无法抑制地将内心的创伤电量输出给自己的女儿、儿媳，正所谓"多年的媳妇熬成婆"。

在这样的情况下，作为女儿的雪丽可能无论怎样努力、怎样优秀都得不到母亲的认可。母亲的情感电池早就被她不幸的成长经历、生活环境所占据，她对于女儿没有爱的能力，对于儿子所谓的"爱"也是掺杂了自私自利的目的。此时，如果雪丽因为内疚或渴望母亲的关爱，而不断地满足母亲偏爱弟弟的要求，只会让母亲和自己在这创伤的代际传递中越陷越深。

毒性羞耻感导致伤害

在上一章中，我们谈到原生家庭之伤会使得子女在家庭中不得不戴上"面具"，扮演"假我"来适应家庭环境，并且对"真我"产生"毒性羞耻感"。这种羞耻感，是认为真实自我本身就是一种错误的羞耻，是对自己作为人的价值的贬低。

同样地，在成长过程中经历过大大小小个体创伤和集体创伤的父母也会在家庭、社会等方面戴上"面具"来保护自己，通过忽视、否定和扭曲自己的真实想法、情感和需求的方式，来适应家庭和社会环境。**他们内心情感电池中积攒的创伤电量，正是长年累月、叠加累积的"毒性羞耻感"。**

由于知识的匮乏和环境的局限，许多我们这一代人的父母（早于20世纪70年代末出生的人）很难承认或者感受到自身毒性羞耻感的存在。因此，这些父母们看似吃苦耐劳、任劳任怨，却缺少对于真实自我的接纳与感知。子女的一个举动、一个眼神、一个错误都可能会让他们恐慌，害怕子女戳穿自己"权威家长"的面具，也害怕在子女面前暴露真实的自我。在恐慌之中，这些父母们有意或无意地通过虐待、羞辱、漠视、控制等举动，来保护面具、隐藏真我。一旦父母们为自己创造了假我和面具，他们就不可能成为一个真实的人，不可能给子女真实的爱。可以说，毒性羞耻感是造成许多严重的原生家庭之伤的罪魁祸首。

以下，我们将来看看毒性羞耻感怎样影响父母对待子女的方式。

◎ 无法感受自我价值，导致无法尊重子女的价值

毒性羞耻感让人无法感知自己的个人价值，因此他需要通过不断达到外在的条件来确认自己的价值，借着对比他人在某一方面的"成功"来掩饰内心的自卑和羞耻感。当一个人的自尊心不能形于内，反而求于外时，他的自尊心就处于一个非常不稳定的状态中。在取得外界认可的成功时，他会自我膨胀，而失去了外界的肯定后，他会感到人生一败涂地。

有些父母的自尊心正是如此。**当他们在自己身上找不到作为人的价值时，他们就无法客观地尊重子女作为人的价**

值。无论是对自己还是对子女,他们常常处于患得患失、害怕犯错,以及自觉不如人的心态中。他们只能够看到和欣赏子女的外在表现、外貌、课业成绩、工资薪酬等,也会教导子女要努力追求他人的认可。当看到子女会犯错误,会不完美,会表现得和其他儿童或青少年一样稚嫩和脆弱的时候,他们会感到莫名的怒火和羞耻,因为他们的个人自尊心也建立在子女的表现上。自己和子女是否达到某些外在的标准,以及是否能够在他人面前维持"完美家庭"的形象,是他们永恒的担忧和焦虑来源。

小莲的父亲因为自小家境贫寒,高中辍学就开始从事底层劳动工作,收入微薄。而父亲的兄弟们则通过下海经商,生活逐渐富裕起来,对父亲贫困的经济状况时常冷言冷语。为此,父亲常常埋怨命运的不公平。有了小莲后,父亲就把自己出人头地的梦想全部寄托在小莲身上,对小莲的学习要求非常高。当小莲成绩不好的时候,父亲就会狠狠地殴打她,并且对小莲的生活极端控制,不许她和同学交友,也不许她发展任何兴趣爱好。父亲对小莲说:"你唯一的任务,就是给我考上重点大学,为我出一口恶气!"

在父亲的严厉管教之下,如今小莲已经名牌大学毕业,留美定居。每当逢年过节回家探亲,小莲就会听到父亲在亲朋好友面前吹嘘小莲如今的生活,以及自己对小莲的"教育经验"。听到父亲的炫耀,小莲感到了无比巨大的压力。小莲既感激父亲多年来的严格教育，同时也感到父亲的做法给她的精神健康带来了无法挽回的伤害。她并不想配合父亲夸赞自己，但又希望自己的成就能够帮助父亲在亲戚朋友面前"挣回面子"。小莲伤心地发现，多年来，父亲一直都只看重自己的考试成绩和工资薪水，小莲的生活是否快乐满足，父亲从来不曾过问。

好在小莲逐渐明白了父亲喜欢攀比和炫耀子女成就的原因是，父亲无法感受到他自己的个人价值，因此一直以来都把自尊心建立在了小莲的人生成就上。父亲对小莲的严厉管教，一方面是为了她能够出人头地，过上和自己不同的生活，但更重要的一方面是父亲只能够看到和认可她的外在表现，不能够欣赏她作为个人的价值。

在认识到这些之后，小莲感到自己身上的压力顿时减轻了许多。因为她知道，作为一个独立的个体，她没有责任和义务担任父亲自尊心的来源。小莲也果断地告诉父亲，她并不喜欢被父亲当作工具和其他人攀比、炫耀，她希望父亲在女儿的成就之外还能在生活的其他方面感受到幸福。

◎ 没有健全的边界意识，导致与子女的共依赖关系

边界是人和人之间的一道隐形的栅栏，它规定了什么属于自己，什么属于他人。在个人创伤和集体创伤的影响下，有些人没有能力在与他人的相处中建立，或者接纳清晰的边界，因为清晰的边界很可能会考验他们不稳定又脆弱的自我

认知，让他们感到真我处于被暴露的危险之中。边界意识不健全导致的后果是，这些人不仅会肆意无知地闯入他人的边界，而且自己的边界也会浑然不觉地被他人侵犯。

有些造成原生家庭之伤的父母也处于这样的状态中。对于 50 后、60 后，在不少父母的成长过程中，"有边界意识"是一件会引发毒性羞耻感的事情。在那些年代里，每个人都需要紧紧地捆绑在一起，才能够在那种特殊的环境中存活下去。在这样的环境中成长起来的父母，身体、情感和心灵的边界长期被人以"亲情""关心"等善良的名义入侵，久而久之，他们便无法感受到自己与他人之间这道无形"屏障"的存在。在做了父母之后，他们自然而然也无法尊重子女的边界，更无法教育子女如何维护自己的边界。在他们心中，"孩子的就是我的"，很难感觉到自己和孩子之间的不同。面对孩子体现出的独特个性，他们会非常痛苦和不解："你怎么会这样做？""你凭什么这样对我？""你怎么竟有这种想法？"……此类父母也会经常越俎代庖，代替孩子完成各种事情，承担本该孩子自己承担的责任，以"为了孩子好"为名义，把自己的意志强加到孩子身上。

这样"背着孩子前行"导致的结果就是父母和孩子之间产生**共依赖关系**。

共依赖关系指的是一个人需要得到另一个人的肯定和依赖，才能找到自己的价值和自我意识。**在亲子关系中，共依赖关系体现为父母把自己所有的情感、价值和希望都寄托在**

子女身上，只有感受到了子女对自己的依赖，父母才能获得价值感和满足感。

来访者小汤和他的母亲就处在这样的共依赖关系中。在怀小汤的时候，母亲被出轨的父亲抛弃，因此她把所有的希望和情感都寄托在了小汤身上。尽管自己收入不高、工作也很辛苦，但是母亲一直对小汤有求必应，宁可自己缩衣节食，也要满足小汤所有的愿望。与此同时，母亲也经常对小汤抱怨自己的辛苦，并且告诉他，"妈妈每天这么辛苦，全部都是为了你"，使得他不断地为母亲的付出、自己的享受而感到内疚和自责。

母亲不知道，看似亲密无间的母子关系，其实背后暗流汹涌。"妈妈对我太好了，好到让我只想躲着她。"小汤这样说道，"我衷心希望她能有自己的生活，而不是把生活重心全部放到我的身上。"

母亲建立在牺牲自我上的付出，既是对小汤无微不至的照顾，又是对小汤的一种控制手段。被丈夫抛弃的痛苦、失望和羞耻，让母亲在"儿子的照顾者"这个角色之外，找不到其他的存在感。母亲的自我价值完全建立在儿子对自己的依赖上，把儿子的人生视为自我的衍生与价值感的来源，把儿子的幸福当作自己的幸福，把儿子的成败看作自己的得失。在潜意识里，母亲不能够接受儿子离开自己成为一个独立的个体。

在意识到母亲与自己的共依赖关系之后，大学一毕业，小汤就申请了全额奖学金出国读博。尽管内心十分愧疚和纠结，小汤依然坚信，这可能是对母亲和自己最好的选择。

◎ 缺乏自我安抚的能力，导致利用子女修复自我

自我安抚是在遭遇到挫折、失败或者错误后，一个人能够让自己平静下来，感受到安慰和鼓励的能力。它是一个人是否情感成熟的重要标志。比如说，摔了一跤之后，幼儿可能会坐在地上嗷嗷大哭，等着父母把他（她）抱起来进行安慰，而拥有了自我安抚能力的成年人，则能够自己伸手抚摸摔痛了的地方，安慰和鼓励自己站起来再往前走。

有些造成原生家庭之伤的父母，正是缺乏这样的自我安抚能力。在毒性羞耻感的影响下，他们极力逃避挫折带来的痛苦感受，无法直面内心渴望被安抚的情感需求。同时，他们也没有足够的信心和安全感，能够给自己提供安慰和鼓励。遭遇挫折或者失败后，这样的父母不知道该怎样让自己平静下来。他们会像幼儿一样，用情绪感染的方式来赢得其他人的注意，表达自己的需求。情绪感染指的是一个人在不开心的时候，用让其他人也不开心的方式，来表达自己的情绪，就像婴儿在饥饿时不会讲话，而是嗷嗷大哭，让家长不得安宁那样。他们也会像幼儿一样，时时渴望有人能够抱起他们、安慰他们、肯定他们。

可以说，他们虽然已经为人父母，但是在情感上，他们还未成熟。因此，在亲子关系中，他们常常会与子女的角色**反转**，依赖子女照顾和修复自己情感上的伤痛。这些父母会希望孩子成为他们的好朋友或者顾问，能够接纳自己倾倒的"情感垃圾"，也能够帮助自己解决生活中的问题。例如，父母向子女抱怨伴侣在婚姻中的问题，期待子女能够从中进行调停，"去跟爸爸说你希望他早点回家"。

有时，这些父母也会期待子女能够在情感上安抚自己，就像儿童摔跤后嗷嗷大哭时，渴望从父母那里得到安抚一样。

来访者小杨就发现，施与原生家庭之伤的妈妈像个小孩。她会因为一点小事而暴跳如雷，狠狠地辱骂和殴打小杨，也会突然在第二天变成一个善良、幽默和关爱的母亲……这些都取决于她这一天过得顺不顺心。

小杨了解到，妈妈的父母在她十岁的时候就双双去世了，年幼的妈妈只得投奔远方亲戚，过起了寄人篱下的生活。妈妈从小就没有感受过父母的疼爱，或者家庭的温暖。悲惨的童年经历，让妈妈没有机会成为一个情感成熟的成年人。

例如，在小杨结婚后，妈妈认为小杨的新家需要重新装修，于是在未经女儿同意的情况下，找了一个装修团队来到小杨家里。这期间，妈妈为自己的装修主意兴奋不已，却完全没有想到这样的做法极大地侵犯了小杨的生活。在被小杨严肃地拒绝了之后，妈妈突然情绪失控，放声大哭道："你为什么一点都看不到我对你的好？我为你想了那么多装修的主意，你为什么一点都没有感激我？现在我被你气得心绞痛，你还不来安慰我，简直没良心！"

从这件事情中，小杨深切地体会到了妈妈的角色反转。尽管妈妈之前对小杨百般虐待，却还希望小杨能像父母对待孩子一样来安抚她、肯定她。因此，小杨说："妈妈从来没有担任好母亲的角色。相反，妈妈是这个家里的小孩。她常常希望家人来安慰他，以她为中心。她时常放任自己的情绪，并要求其他人无条件地满足她的需求。我虽然了解也同情妈妈的童年经历，但毕竟我不是她的父母，她也不再是小孩。我无法给她父母般的爱和滋养，也不应该纵容她继续角色反转的幻想。"

寻找原生家庭创伤的根源

读到这里我们会发现，父母施与原生家庭之伤的原因比我们想象的更复杂。未能完成的家庭成长、过渡失败的家庭权力、长久累积的创伤电量……原生家庭之伤的源头远超出个人和家庭的范围。原生家庭之伤，既是个人和家庭的悲剧，也是时代和环境的余孽。

同时我们也发现，在毒性羞耻感的影响下，人们往往会用制造更多痛苦的办法来应对自身的痛苦，因此，伤害与失调往往会像家族诅咒一般，代代相传。我们必须去了解原生家庭之伤背后的故事，才能够采取有效的行动走出伤害的恶性循环。

但是，这并不意味着我们不可以愤怒和谴责父母造成原生家庭之伤的行为，也并不意味着我们一定要原谅和接纳造成原生家庭之伤的父母。了解原生家庭之伤的源头，可以让我们理性地辨识出父母某些行为背后的伤害和操控，也可以提醒我们，当这些行为发生时，我们需要采取必要的手段保护自己。

在了解了原生家庭之伤的源头之后，我们会看到"权威而神圣的"父母身上的无知、不成熟、恐惧和焦虑，而且会看到他们和我们一样，有些时候并不能掌控自己无理的冲动。意识到这点，也是在帮助我们在心中让父母走下神坛，减少我们因为原生家庭之伤而对他们产生的恐惧和敬畏。得到父母的肯定和爱护是重要的，但也并不是唯一重要的人生目标，毕竟，父母也只是两个普通人。

因此在这里，我想要邀请你一起来做家庭关系图练习。家庭关系图练习可以用一种直观的方法，帮助你更多地了解关于你这一辈、父母辈，甚至祖父母辈的家庭关系、成长环境和时代背景，寻找你原生家庭之伤的源头。如果你正在接受心理咨询、心理治疗或者药物治疗，请让你的心理咨询师或者精神科医生知道你在做以下练习。

练习：制作家庭关系图

1. 准备好一张白纸、一支笔，找一个安静的房间，给自己不受打扰的 30 分钟。
2. 先在白纸上画上代表你自己的图标。一般来讲，女性用圆圈表示，男性用方块表示，在图标上写下你的名字。
3. 确定你想要展示在家庭关系图中的家庭成员。一般来讲，这些成员是你的父母、父母的兄弟姐妹及其配偶子女，以及父母的上一代。以族谱的形式，在白纸上画上代表这些家庭成员的图标，女性用圆圈表示，男性用方块表示，在图标上写下他们的名字。
4. 加入家庭成员关系。以你现在对原生家庭和扩展家庭的理解，这些家庭成员之间的关系是什么样的？你可以用直线代表健康的关系，在直线上加一个爱心代表可以提供相互支持的关系，用虚线代表冷漠的关系，用箭头加一道闪电代表关系中出现肢体或言语暴力，用双向箭头代表共依赖关系，用曲线代表经常发生争执的关系，用乌云代表不再往来等。用你喜欢的形式画上你认识中的家庭成员关系。
5. 加入成长时代背景。在每一代人的右边写下你认识到的这一代人成长的时代大环境。
6. 观察和研究这张关系图。问问自己，这里面的家庭成员，他们每个人的生活故事是什么？这些家庭成员怎样影响到你的人生故事？有哪些家庭成员之间失去了和谐的关系？是什么让他们失去了和谐的关系？是否有虐待关系？是否有共依赖关系？你是否希望更多地了解某些家庭成员的生活故事？
7. 把这张家庭关系图收好。或许在未来，你会了解到更多家庭成员的故事，或者更多对家庭成员关系的理解，你可以再回到这张关系图上进行补充。

让我们以本章中提到的来访者雪丽为例，来看看她的家庭关系图（见图3-2）。雪丽出生于中国农村家庭，有一个弟弟。雪丽的母亲一直十分偏爱弟弟，在雪丽长大后还要求雪丽资助弟弟的生活。而雪丽的父亲在家中一直沉默寡言，并不劝阻母亲对雪丽的伤害，也从不对雪丽表示关心和爱护。由于我们的目标是找到原生家庭之伤的根源，在这张图中，我主要帮助雪丽标识出现问题的家庭成员关系，没有标识健康或者稳定的家庭成员关系。

在这张家庭关系图中我们可以看到，雪丽母亲对雪丽的伤害，以及对弟弟的共依赖关系完全重复了雪丽母亲在自己原生家庭的遭遇。而雪丽父亲，则是由于自己原生家庭的暴力伤害，造成了他如今对母亲和雪丽的冷漠。雪丽的父亲和母亲，都成长和生活在经济水平较差、教育程度普遍不高，并且有强烈重男轻女思想的社会环境中。

第 3 章 为何原生家庭会伤人

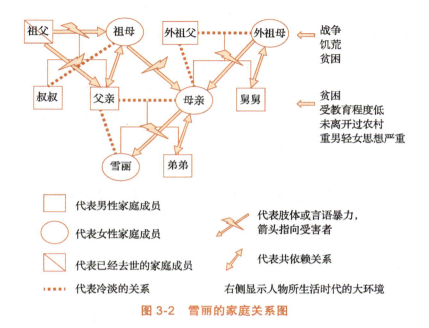

图 3-2 雪丽的家庭关系图

通过制作家庭关系图，雪丽了解到母亲和父亲也是原生家庭之伤和社会环境之伤的受害者。雪丽对父亲和母亲多了一层理解和同情，但同时，雪丽也明白了就算自己处处隐忍父母的行为，也并不能换得她所期待的爱与滋养，反而可能会纵容创伤电量的世代传递。

总 结

从家庭系统角度来看，家是一个会成长与发展的动态系统。当家庭无法完成阶段性的成长任务时，或者当家庭无法根据成长周期合理过渡家庭权力时，就会对身处其中的子女与父母造成发展阻碍和伤害：父母无法从照顾者的角色上退休，子女也无法成长为独立自主的成年人。同时，父母内心无法纾解的创伤会通过亲子教养的方式输出给子女，造成创伤的代际传递。在毒性羞耻感的影响下，有些父母丢失了部分或者全部爱子女的能力。通过制作家庭关系图，我们可以寻找到原生家庭之伤的根源，阻止创伤电量继续传递下去。

第 4 章

走出原生家庭之伤

在了解了原生家庭之伤的源头后,你会发现,其实你并不能把人生中所有的不顺心都归咎于父母,因为你和你的父母一样,都是时代、家庭、个人共同作用下的产物。你的父母可能至今依然没有很多的资源和途径去了解自己行为背后的缘由,他们不知不觉地当了受害者,又不知不觉地当了加害者。

而你却不同。既然你已经读到了这里,我就有理由认为你已经拥有了足够的知识和能力,能够从被动的原生家庭之伤受害者的角色抽离开来,转变为主动的自我人生和家庭命运的掌控者。

如果一直怀抱着"问罪"的态度来看待原生家庭之伤，那你无可避免地会陷入"父母毁一生"的归咎中：我现在会变成这样是因为我爸妈，我不可能重新选择父母，也不可能重新过一遍童年，所以我无力改变现状。这样的归咎就像是手铐一样，把你铐在了父母身上，让你以为只能等待着父母的改变，才能获得心灵的痊愈。这样的归咎也进一步地强化了父母对你的强权，让你进一步失去了对人生的掌控，在这创伤的泥潭中越陷越深。

就像本书开头唐的故事。唐最终举起了枪，杀死了百般折磨和虐待他的父母，但是他自己也被判终身监禁，并且深陷精神疾病的折磨之中。看起来好像唐成功地"报复"了父母，殊不知，是不是父母也通过他们的死亡，成功地"报复"了唐呢？

你心中的情感电池已经被父母注入了时代、家庭、个人的创伤电量。你，也只有你才能把这创伤电量释放，并且在生活中重新获得爱的电量，传递给下一代，或者输出给身边的人。

所以，**原生家庭之伤不是你的过错，但走出原生家庭之伤却是你的责任**。承担起这一责任意味着你直面原生家庭之伤的发生，了解原生家庭之伤背后的源头，采取一些必要的行动保护自己，并且勇敢地做出改变，让自己从过去的创伤中复原。

我明白，看到这里，你也许会感到委屈：为何自己要为他人造成的原生家庭之伤辛苦"买单"？

但是，我相信很快你就会惊喜地发现，承担起走出原生家庭之伤的责任会给你带来意想不到的力量。这股力量，会让你更加感激创伤之后的生活，更加珍惜身边真正爱护自己的人，更加透彻地理解和认识自我。在人生道路上有这股力量做伴，你会对生活中其他的挑战泰然处之，你也会对自己处理问题的能力充满信心：原生家庭之伤都未能把我打倒，还有什么事情会难倒我？你更会惊讶地发现，不知从何时起，原生家庭之伤已经转化成了你的一笔精神财富。

就像创伤心理专家彼得 A. 莱文（Peter A. Levine）在他的创伤研究著作中所说的那样："我得出的结论是，人类天生具有克服创伤的天赋。我相信，不仅创伤是可以治愈的，而且愈合过程可以成为人类深刻觉醒的催化剂———扇通往真实情感和灵性升华的大门。我毫不怀疑，作为个人、家庭、社区乃至国家，我们有能力学会如何治愈和预防创伤造成的大部分损失。通过这样的做法，我们将显著提高人类实现个人和集体梦想的能力。"

创伤带来了永恒的情感丧失

在第 2 章中我们了解到，为了能够在无法尊重个人天性的外部环境中生存，我们发展出了毒性羞耻感来掩盖"真我"，并且戴上了家庭需要我们扮演的角色的"面具"。在长期戴着"面具"生活的过程中，我们逐渐与心中最重要、最本真的那一部分失去了联系，我们的人生故事中也永远失去了一部分天真烂漫、无拘无束的孩童时期。在本书的第3章中我们了解到，父母心中积聚的创伤电量、个人与社会资源的局限性，可能使得他们永远也无法像我们期望的那样，成为充满"爱和滋养"的照顾者。就算父母如今愿意做出改变来弥补我们的伤痛，也无法抹去这样一个事实：在我们最脆弱纯真的时候，本该保护和滋养我们的父母背叛和伤害了我们。

无论是我们还是父母，都不可能回到过去重新来过。因此，**原生家庭之伤给我们带来的，也是一种关系、情感和经历的丧失**。这种丧失，就如同死亡那样不可逆转，也无法弥补。

这样深切的丧失，对于任何一个人来讲都是极其痛苦的。然而，过去的我们可能从不允许自己去体会它，因为毒性羞耻感阻碍了我们诚实面对自己的情绪和感受。我们假装看不见，却能始终感受到它在角落里隐隐作痛。于是，我们在过去学会了用抑郁、焦虑、酒精、性爱、工作、电脑游戏成瘾、手机成瘾等方法来麻痹丧失带来的痛苦，内心却充满空虚和恐慌。

哀悼，帮助我们走出丧失之痛

如果你已经读到了这里，那么，其实你已经在慢慢允许自己去体会这样的丧失，以及它带来的痛苦。同时，现在的你面对黑洞一般的丧失,可能非常迷茫和绝望,不知道什么时候这样的痛苦才会结束。有时你也会觉得,自己仿佛处于一种长久的病态中。

你绝对不是唯一一个有这样体会的人。心理学家伊丽莎白·库伯勒-罗斯(Elisabeth Kübler-Ross)在研究中发现,人们在经历死亡这一种丧失时,会自然而然地产生一种称为**哀悼**的过程。这过程极为痛苦,不少人觉得自己好像得了严重的心理疾病。但是,伊丽莎白发现,经历哀悼的痛苦不仅不是病态,反而可能是痊愈的希望。于是,伊丽莎白以人面对自己的死亡和亲人的死亡时的心理历程为基础,总结出了**"哀悼的五个阶段":否认、愤怒、不甘心、悲伤和接纳**。后来经过大量的实证研究,心理学家们发现,这哀悼的五个阶段理论不仅适用于和死亡相关的哀悼,而且适用于关系、情感和经历丧失的哀悼。

在临床咨询工作中我也发现,对原生家庭之伤的哀悼是一种复杂的感受,仿佛是潘多拉的盒子,当来访者打开它的时候,众多强烈又矛盾的情绪扑面而来。然而,这种哀悼又是一种通向愈合的感受,来访者会通过哀悼释放积压已久的痛苦,积攒能量重建丧失之后的生活。

◎ 否认

在否认的阶段,我们尽力抑制与原生家庭之伤相关的回忆和感受。我们为父母保守已经造成伤害的秘密,假装自己并没有被原生家庭所影响，或者用各式各样的自我防御机制弱化曾经受过的伤害。否认很容易，我们可以像鸵鸟一样把头埋在沙子里，不需要思考，也不必做出改变。因此，我们会花费好几年的时光沉浸在否认的阶段中。在相当长的一段时间里，我们完全没有意识到现在许多的苦恼和困扰其实都源自原生家庭之伤，找不到行为和情绪的源头，我们只好刻薄地指责和厌恶自己。我们也完全没有意识到曾经历过如此巨大的丧失，对自己的现状缺乏宽容、理解和接纳，更进一步伤害了原本已经伤痕累累的心灵。

在第 2 章中，我们也讨论过，走出否认的阶段并不容易。因为打破否认意味着承认人生中不可逆转的丧失，意味着"背叛"中国传统的孝道文化，意味着复杂而强烈的情绪将会浮出水面。所以，每一个付出实际行动走出否认阶段的人，都是人生中的勇士。

如果你已经读到了这里，我认为你已经很大程度上走出了否认的阶段。通过"我的人生故事"和"我希望父母没有做过/说过的事情"这两个练习，你已经找到了空间和机会来帮助自己重新梳理关于人生过往和原生家庭之伤的回忆。而当你意识到，曾经否认过的事情真实存在过，你其实就永远不可能再回到对这件事情的否认中。

◎ 愤怒

当否认不再起作用之后，愤怒往往会最先浮出水面。当意识到父母带来的伤害后，我们理所应当对他们的行为产生愤怒。此时，愤怒是一种非常健康的、非常合适的心理反应。在第2章中，我们也探讨过，感受到愤怒，并不代表我们一定要用暴力或者失控的方式表达愤怒，可以通过"承认和释放愤怒"的练习来处理它。

在第3章中，你了解到了父母会这样做的背后的缘由。你明白在很多情况下，并不是父母有意要去伤害你。他们和你一样，曾经是受害者。他们除了创伤电量，真的没有其他的东西可以给你。那么，在这样的情况下，你还可不可以对父母带来的原生家庭之伤感到愤怒呢？

答案是可以的。你的父母在知识和资源有限的情况下，确实可能已经做到了他们能够做到的。但是，在哀悼的过程中，愤怒与原生家庭之伤背后的缘由无关，而与你实际受到的原生家庭之伤有关。这就好像你的父母在倒车的时候不小心压到了你的脚，你因此骨折了好几个月。你尽管知道他们是不小心的，但是你是否还有权利为这只骨折的脚感到疼痛和伤心？你是否还有权利在心里为父母的无心之失感到生气？你是否还有权利对自己承认：我骨折是因为父母不小心倒车压倒了我？

我想这些问题的答案都为"是"。你当然有权利感到愤怒，就算原生家庭之伤不仅仅是你父母的过错。事实上，愤怒是你和你的家庭走出世代相传的创伤电量的最好动力。越是愤怒，你越是拒绝成为个人、家族和社会伤害的帮凶，拒绝创伤电量的世代传递。

◎ 不甘心

愤怒在哀悼的过程中虽然是一种健康的情绪，但依然非常消耗人的心力。在一段时间后，愤怒会后退到背景中，此刻我们会进入一种与命运讨价还价的"不甘心"阶段：为什么是我？为什么我要经历那么多原生家庭之伤带来的苦难？为什么我不能够像没有遭受过伤痛那样，从容、自信地生活？面对永远失去的天真烂漫的童年，以及永远存在的创伤回忆，我们不可能这么容易甘心。

于是，我们会忍不住和命运讨价还价：如果我愿意把钱都给弟弟买房子，或许能够换来多一点妈妈的爱；我们会忍不住责怪儿时的自己：如果当时我能够忍住不去看电视而是乖乖地写作业，我爸妈也就不会为了我吵架，我爸也不会在我面前失手打伤了我妈；我们也会忍不住想让父母尝到同样的伤痛：我知道爸妈不喜欢我跟男朋友在一起，但我偏偏要跟男朋友结婚，尽管我不那么爱他，但是我就是不能便宜了我爸妈……因为不甘心，我们开始刻薄地对待自己和他人，做出许多徒劳的努力。

这样的不甘心，其实只能够给我们带来虚假的改变命运的希望。原生家庭之伤带来的丧失是不可挽回和逆转的。就算我们改变了自己，父母很有可能也无法改变。退一万步来说，就算父母如今有所改变，但那段受到深深伤害的时光，到底是再也不可能弥补回来了。就像是泼出去的牛奶、打碎的花瓶，和墙壁上的洞，我们再怎样不甘心，也无法阻挡原生家庭之伤成为已经发生的事实。

◎ **悲伤**

当现实在眼前进一步清晰起来后，我们终于无可选择地意识到木已成舟，我们已经没有任何办法去抹去和改变原生家庭之伤带来的丧失，我们甚至没有办法通过自我控制和麻痹来终止这丧失的痛苦。此刻的我们便会陷入深切的悲伤中。这种悲伤如同抑郁，无可奈何且好像永无止境。

虽然抑郁症是一种心理疾病，但在哀悼的过程中，我们感受到如同抑郁的悲伤，却是一种健康的情绪。因为，这样的悲伤意味着，我们开始承认和接纳原生家庭之伤带来的永恒丧失。内心掩藏已久的"真我"终于重新与我们建立联结，让我们逐渐意识到无拘无束地做自己是多么的纯粹和美好。于是，我们会对经历了那么多伤痛的自己产生无尽的怜爱和疼惜。我们开始回忆起儿时的自己对于美好人生真切的渴望，以及原生家庭之伤是怎样把这渴望击碎的。

我们终于学会了不再自欺欺人，也不再问罪和归咎，而是自然而然地让自己沉浸在这丧失的痛苦之中。我们终于可以好好地为失去的天真烂漫、失去的父母疼爱、失去的自由自在而痛哭一场了。

当来访者查理第一次感受到这种悲伤的时候，他对我说："我感到内心一直存在的一个盔甲被卸下了，所有的悲伤情绪全部涌了出来。那天，我在咖啡馆里看到一个父亲在给一个八九岁的小男孩读故事书，我就忍不住开始哭泣。我意识到，我的父亲从来没有这样温柔地和我说过话，他的眼神永远是凶狠的，语气永远是不耐烦的。我想到了八九岁时候的我，就跟眼前这个小男孩一般天真和脆弱，但是那时的我却在一直默默承受着如此巨大的痛苦。一想到这儿，我就忍不住为儿时的我感到悲伤和心疼。回到家，我第一次为自己经历过的原生家庭之伤放声大哭。我好想站在那个儿时的我身边，把手轻轻地搭在他的肩上，用父亲从来没有用过的温柔眼神看着他，用父亲从来没有用过的温柔声音告诉他："你是一个美好而纯洁的小孩，你值得拥有生活中一切的美好事物。""

◎ 接纳

充分感受到悲伤之后，在某个时刻，我们会感受到久违的宁静安详。之前种种情绪的乌云消散了，我们能够看清楚并接纳生活本来的模样，我们不再害怕释放心中的真我。

这样的时刻，可能出现在我们为原生家庭之伤大哭一场之后，可能出现在我们静静地观看日出日落时，可能出现在我们和家人、朋友愉快的相处之中。我们能够感受到情绪静静地流淌着，却不会被情绪所打扰和影响。

这就说明，我们已经到了哀悼的最后一个阶段——接纳。当来到了接纳的阶段，我们会感到自己就像是在沙漠里旅行的人找到了一汪清水，一切都豁然开朗起来。

然而，虽然接纳是五个哀悼过程中的最后阶段，我们却应该把它看作哀悼的一个休息站，而不是终点。因为，在原生家庭之伤的愈合道路上，哀悼会一直伴随着我们。最主要、最激烈的哀悼可能会持续一年到三年，并不那么激烈的哀悼则会在我们愈合伤痛的途中不断地重复出现。

这五个哀悼的阶段，可能会在愈合的道路上相互重合，或者不断重复，我们并不会线性地从一个哀悼阶段移动到下一个哀悼阶段。比如说，可能当你在阅读第 2 章原生家庭之伤带来的影响时，你感受到自己处在愤怒的阶段。而当你读到了第 3 章，了解了更多关于父母的创伤故事时，你又感到了许多的不甘心和悲伤。也有可能，在你感到已经可以接纳现实时，生活中一件不愉快事件的发生，又让你重新回到了否认的阶段……每个人哀悼的方法都是独一无二的，你可能会同时体会上述所有阶段，你也可能一直停顿在某个阶段。

这样说来，哀悼的过程好像既曲折又反复。然而，每一次从否认走向接纳，我们都会发现自己对人生和自我的认识比上一次更加清晰和明朗，就像是我们在通过哀悼不断地撕开一层又一层原生家庭之伤给我们蒙上的迷雾一样。尽管原生家庭之伤的记忆会永远在那里，但是随着哀悼的不断进行，它会越来越少地影响我们现在的生活、工作、情感和人际交往。我们会感到自己一点一点地从过去的泥潭中走出来，一点一点地重新掌握现在的生活。当回头去看走过的愈合之路时，我们会为自己感到从未有过的骄傲和自豪。

在哀悼的过程中，我们其实并不会比以前无知无觉时更痛苦，相反，哀悼为我们带来了愈合深层伤痛的机会，为我们压抑许久的情绪敞开一扇大门，让我们听到真正属于内心的声音。我们会在整个哀悼的过程中，体会到更丰富的情绪体验，我们的心灵会在这痛苦中飞速成熟，我们的生活会在哀悼中重新开始。

当强烈的情绪来袭时

正如上文所说，在哀悼的过程中，我们会体验强烈的情绪和情感，例如愤怒、不甘心、悲伤等。有些时候，这些强烈的情绪和情感会缠绕我们，让我们的身体和心灵感受到痛苦和不适，导致我们踟蹰不前或者匆忙下定论。比如说，我们可能会因为沉浸在悲伤之中，而没有办法很好地完成日常工作；或者，我们可能因为不甘心，而做出一些伤害自己或他人的行为……

因此，当强烈的情绪袭来的时候，我们非常需要一些自我安抚的技能。在上一章我们说到过，自我安抚是在遭遇到挫折、失败或者错误后，一个人能够让自己平静下来，并且感受到安慰和鼓励的办法。在情绪低落的时候，自我安抚可以是吃上一碗热腾腾的汤面，与知心好友打一通电话，洗一个热气腾腾的热水澡，写一大段没有人会看到的吐槽……我们每个人都有适合自己的自我安抚技能。自我安抚可以让我们在哀悼的过程中短暂地休息一下,等到头脑清醒、身心舒缓之后,再继续前行。

通常,我们需要在情绪稳定的时候就为自己安排好自我安抚的计划,否则当情绪过于激烈的时候,我们可能会手忙脚乱,忘记需要做些什么。我们可以按照表 4-1 为自己安排好自我安抚计划。

表 4-1

自我安抚计划
1. 一般来说,在什么样的情况(想法、情景、行为、个人原因)下,我可能会体验到强烈的情绪
(1)例:当我和父母打电话的时候,我会体验到强烈的愤怒
(2)
(3)
2. 我可以自己完成的自我安抚(不需要他人的协助)
(1)例:洗个热水澡
(2)
(3)
3. 可以帮助我安抚情绪的人
(1)例:我的好朋友安妮,我可以在微信上跟她交谈
(2)
(3)
4. 可以帮助我安抚情绪的地方
(1)例:家门口的小公园
(2)
(3)
5. 在紧急时刻可以帮助到我的人
(1)例:我的心理咨询师(电话)
(2)例:我所在地区的危机干预热线电话
(3)例:我所在地区的急救电话

当我们有所准备了以后，从另一个角度来看，强烈情绪的来袭也是一个自我疗愈的好机会。强烈的情绪迫使我们褪下"面具"，跨过毒性羞耻感，真切地感受这些情绪。如果能够成功地安抚这些强烈的情绪，我们就会发现任何情绪都没有那么可怕，并不会像想象的那样完全地压垮和打倒我们。

在这里，我想邀请你跟我一起来做一个自我安抚情绪的练习。该练习根据美国心理学家克里斯汀·聂夫（Kristin Neff）和克里斯托弗·吉莫（Christopher Germer）创建的自我关怀课程——Mindful Self-Compassion 中的 Self-Compassion Break 练习改编而来○。你可以先把以下练习指导念一遍，并用录音笔录下来。这样你就可以听着自己的声音，不受打扰地完成这个练习。

注意，这个练习可能并不适合每一个人。如果在练习的途中，你感到了太多的不适，开始变得恐慌或害怕，你可以先把注意力集中到呼吸上，等到恐慌或害怕减轻到你可以承受的程度，再继续做这个练习。如果你一直感到非常恐慌或者害怕，可以睁开眼睛，环顾四周，让你的思绪回到所在的房间内。找到你之前所做的自我安抚计划，用上面的办法来让自己平静下来。不必担心你打断了这次练习，知道哪些方法适合你，哪些不适合，也是很重要的自我安抚的能力。

○ Mindful Self-Compassion 课程网站：https://centerformsc.org。

练习1：自我安抚情绪

1. 从呼吸开始。找到一个舒适的位置,可以坐着,也可以躺着。闭上你的眼睛,做三个深呼吸,感受你的呼吸。
2. 回想一下,是什么样的情景给你带来了这样的情绪?也许是与父母相处时感到的尴尬和压抑,也许是对自己目前状况的不满意。当想到这个情景的时候,你的身体会感到一些不适。仔细感觉一下,你在身体的哪里感受到了这样的不适?
3. 现在看看你能否准确地说出,你在这个情景中感受到的最强烈的情绪是什么。悲伤?混乱?恐惧?渴望?绝望?……用一种温柔的声音,重复着这种情绪的名字,仿佛你正在为一位朋友解释他的感受,"这是渴望""这是悲伤""这是愤怒"……然后用温柔的声音说,"这真的很难受""这真的很痛苦""我真的很委屈"……就仿佛你正在安慰一位朋友。
4. 你可以回想一下本章我们讲到的关于哀悼原生家庭之伤带来的丧失,耐心地告诉自己,"这强烈的情绪是哀悼过程中的一部分""能够感受到这样强烈的情绪代表我正走在愈合的道路上""所有原生家庭之伤的幸存者们,都在经历着不同的强烈情绪,这是很正常的"。
5. 把手放在心口上,或者任何让你觉得舒服的身体部位上。感受来自手的温暖。你可以问自己:"在这样的情绪中,我最希望听到什么温暖的话?"比如说,你可能最想听到有人对你说"没关系,一切都会过去的",或者是,"我能够理解你、接纳你",又或者是,"我相信你的坚强和勇敢"……找到此刻自己最想听到的话,用对待朋友一般的温和语气,对自己重复三到五遍。
6. 吸气,感受到你吸入了平静和安宁,吐气,感受到你吐出了心中的苦闷和不适。重复三次。
7. 等你准备好了以后,慢慢睁开眼睛。

有的时候,强烈的情绪来临时,我们尝试了各种各样的自我安抚方法,却发现它们并不能缓解这些情绪带来的影响。这时候,我们就需要专业人士的帮助。

寻求专业人士的帮助并不是否定我们的自我安抚能力,而是给我们一个安全和有效的机会学习去如何更有效地利用自我安抚这项技能。在过去的成长道路中,我们可能没有足够的时间和机遇去学习这项技能,也没有足够的经验应对很强烈的情绪体验。专业的心理咨询可以为我们提供一个安全、自由的空间来直面和探索强烈的情绪,并且和我们一起发掘一些更加适合自己的自我安抚技能。许多人依靠心理咨询度过了人生中最主要、最激烈的哀悼过程,心理咨询让这个过程尽可能不那么影响到他们的正常生活。

用心接纳当下的自己

接纳作为哀悼的一个休息站,给予我们与原生家庭之伤相处至今的勇气和毅力。对于接纳的向往，可能也是你翻开这本书，读到了这里的动力。

接纳到底是怎样一种感受，每个人在不同的时刻有不同的体验。有些人说它是一种阅尽千帆的宁静，有些人说它是一种发自内心的喜悦，还有些人说它是一种流淌着的悲伤。总结起来，接纳是一种对于现实的积极承认，承认我们遭受了原生家庭之伤，承认原生家庭和父母有他们自己的局限性，承认我们对原生家庭、对父母、对自己的恨、爱、愤怒、羞愧、伤痛、挫败等复杂情感。在接纳的体验中，我们可以允许自己哀悼失去的童年欢笑，心疼过去受过伤的自己，对给予我们伤害的人或行为感到愤怒。我们不再拘泥于过去发生了什么，也不再担忧未来会发生什么，而是专注地活在此时此刻，体会当下的情绪、思想和情景。

在这么多年来与原生家庭之伤的相处中，在某些时刻，我们或许已经体验过了接纳，只是这些时刻转瞬而过，我们并未能驻足细品。

在这个练习中，我将带领你一起去用心品味属于你的接纳的感受。该练习可以帮助你更透彻地体验自己的情绪，逐渐恢复与心中真我的联结，做好将真我从面具的牢笼中释放的准备。

练习 2：用心感受接纳

1. 回想一下在生活中你感到非常平静的时刻，这种平静是对于此时此刻的心满意足。比如说，当你和自己的恋人相视一笑的时候，当你和自己的宠物玩耍嬉闹的时候，当你专心致志地绘画/写作/弹琴的时候，当你沉浸在喜爱的电影或者音乐中的时候，当你睡了饱饱的一觉之后，当你参加自己喜爱的体育活动的时候……

2. 当你回想到这些时刻，请注意自己的感受：你是不是感到，光是想到这些时刻，心里就有一种美好、快乐的感觉涌上心头？
3. 现在请你闭上眼睛，感受一下，这种美好、快乐的感觉存在于你身体的哪个（哪几个）部位？
4. 用手轻轻地抚摸这个（这几个）部位，告诉自己：这是平静，这是满足，这是接纳。
5. 睁开眼睛，你可以用绘画、音乐、文字等创造性的方式，把刚刚经历过的感受记录下来。

重新开始自我成长

在哀悼的过程中，我们学会了勇敢地面对、承认和接纳原生家庭之伤给我们成年之后的生活造成的影响。我们意识到，和健全家庭中孩子无忧无虑、自由自在的成长道路相比，我们的成长道路曲折且泥泞。儿时的我们被迫吸收了许多来自父母内心的创伤电量，也被迫放弃了许多属于自己的珍贵和美好，才能够在这样的成长道路上坚持走到今日。

在父母创伤电量的传递下，我们对于自己的看法、评价和意识也变得充满"毒性"，产生了非常负面和消极的自我认知。这些自我认知极大地影响到了我们对客观事实的判断，对自己能力的信任，以及为人处世的方式。

为了尽可能地减少原生家庭之伤给我们目前生活带来的影响，我们必须通过重新开始自我成长，来改善这样的"毒性"自我认知。我们需要重新思考哪些自我看法、评价和意识是适用于我们现状的，哪些是不适用的。我们也需要重新塑造更加健康的、合理的、全面的自我认知，来给自己提供原生家庭不能给予的爱和滋养。

然而，重新成长并不是一件容易的事情，也不是一件一蹴而就的事情。因为从年幼的时候开始，我们就习惯了被苛刻地、严厉地审视和批判，也习惯了顺从父母的想法与喜好。重新开始自我成长，需要我们勇敢地走出原生家庭的禁锢，探索真正属于自我的认知与看法。勇气、毅力、同理心，再加上对自己的诚实，是我们在重新成长之路上的最佳伴侣。

辨识脑海中的"坏父母"：创伤认知

正如上一章中所写的那样，在糟糕的原生家庭环境中，我们会吸收父母一部分的性格特征、思维模式，演化为自己的一部分，来更好地适应父母创造的环境。不幸的是，我们一般会选择模仿和演化的，是父母在亲子教养中对我们最苛刻、最残酷、最"坏"的那一部分。通过仿同"坏父母",我们会感到自己仿佛拥有了部分和父母一样的权威和能力,让我们至少能够在原生家庭中熬到长大成人。

久而久之,这一部分的"坏父母"便在脑海中安家落户,成为我们自我认识中最苛刻、最冷酷、最具有批评性的一部分——创伤认知。**创伤认知是在我们生活遇到困扰时,一些在脑海中反复出现的、具体的、负面和消极的自我评价**,比如,我没有价值,我不值得被爱,我没有用,我有缺陷,我是个失败者,我不够好,我没有本事等。创伤认知是内心毒性羞耻感的一种体现,它否定了我们作为人的价值,批判我们展现的一举一动,更嘲笑我们拥有的天然特质。

创伤认知就像是住在我们大脑中的"坏父母"。当犯错误的时候,它狠狠地责骂我们;当表现出脆弱的时候,它拒绝付出心力去爱护和疼惜我们。比如说,当来访者查理做错了一件事情的时候,他会听见脑海中"父亲"愤怒的指责声:"你什么都做不好!真是一无是处!"又比如说,当来访者雪丽在事业上受到挫败的时候,她会听见脑海中"母亲"冷嘲热讽的抱怨声:"女孩子努力拼事业有什么用?不如早点找人嫁了。"显然,查理和雪丽听到"父亲"和"母亲"的声音,并不是来自他们现实生活中的父母,而是来自他们大脑中的创伤认知。

不论我们离真实生活中的父母距离有多远,或者原生家庭之伤发生在多久之前，大脑中的创伤认知都可能在我们的日常生活中发挥作用，扭曲或恶化我们对待自己的态度和想法。我曾经遇到一位70多岁的来访者，她的母亲早已经去世，她自己也是做祖母的人了。但是，每当做错事情的时候，她还是会在心里听到母亲那冷漠、刻薄又熟悉的声音："你什么事情都做不好。"尽管真实世界中来访者的母亲已经去世，大脑中她的"母亲"依然存在。

创伤认知的存在让我们时常感到自己依然活在原生家庭的那种紧张、焦虑、恐慌的气氛中。虽然真实世界中的父母可能已经不能再强烈地影响我们了，但创伤认知中关于原生家庭之伤的记忆、情绪、思维和信念却一直在鞭笞、监视、审判着我们。因此，我们的身体机能和心理状态依旧处于警觉的状态中。我们不能休息，不能犯错，也不能享受生活。身体虽然离开了原生家庭，但是我们的心灵和大脑仍然被困在原生家庭的泥沼中。

创伤认知也在影响着我们与他人的互动关系。在临床工作中，我也常常会听到这样的故事：

一位在暴力虐待的家庭环境中长大的女性，好不容易找到了工作离开了原生家庭，却和一个总是对她拳脚相加的男人走向婚姻。

一位在极度控制的家庭环境中长大的男性，虽然对父母心有怨恨，30多岁的他却拒绝离开父母的羽翼，不愿意和他人建立亲密关系。

一位在原生家庭中遭遇到父亲性侵的女性，成年后终于逃出了父亲的魔爪，却爱上了一位瘾君子男友，自愿从事性工作为其赚钱……

这些来访者的人生选择让我感到疑惑。既然在童年受尽了原生家庭之伤带来的痛苦，为何在有了选择权以后，他们还是会无法抗拒地回到类似原生家庭那样充满虐待和伤害的亲密关系中呢？

后来我发现，对于这些来访者来说，**他们大脑中的创伤认知对类似原生家庭那样的、充满虐待或者伤害的亲密关系感到熟悉和亲切，却对健康的、相互尊重的亲密关系感到恐慌和不适应**。这就好像是有人一直在饮用着有毒的水，终于有一天他喝到了清水，反而会因为肠胃不适应清水的干净而上吐下泻一样。在糟糕的原生家庭环境中长大，这些来访者习惯了把虐待当作爱，把控制当作亲密，把伤痛当作激情。

虽然如今这些来访者有能力离开，或者已经离开了现实生活中的原生家庭，但是他们的心灵未被解放。创伤认知一直在告诉他们，原生家庭之伤就是他们能获得的最好的了，他们"不配"拥有更加健康、互相尊重的亲密关系。所以，这些来访者始终不能充满爱意与关怀地对待真实自我，也不能从容地接受他人的爱与尊重。

是谁打开了创伤的潘多拉魔盒

创伤认知是深埋于我们脑海的潘多拉魔盒。在平时,我们不会感觉到它的存在。然而,生活中发生的一些事情(通常是困扰和挫折)会不小心地为我们打开这潘多拉魔盒,释放出负面、消极的自我评价,以及如影随形的毒性羞耻感。

来访者小莲告诉我,目前她的工作进展得很不顺利,为此,她的情绪跌入了谷底。

"也许我应该更加努力,明天周末我也应该去加班!"小莲揉着布满血丝的眼睛对我说,她昨天晚上刚刚加班到深夜。

"你觉得自己的身体可以承担吗?"我问。

"我的身体很累,真的很累,但又有什么办法,我必须要做好我的工作!"小莲无奈地叹了口气。

"或许你的身体此刻需要的是一个短暂的休息。"我说。

"我也知道我要去休息。昨晚加班的工作效率非常低,我感到自己是在白费力气。"小莲说,"但是,一想到休息,我脑袋里就盘旋着这么一句话,'你工作搞成这个样子,还有脸去休息?'这句话让我时常感到惶恐不安,不愿意放下手头的工作。"

说着说着,小莲发现了一个规律,在工作进展还不错的时候,她其实非常看重工作与放松的平衡。但是,一旦工作进展不如人意,小莲就完全忽略了休息的时间,强迫自己一直工作下去。然而，硬着头皮工作的结果是造成了小莲更多的焦虑和惶恐，极大地拖累了工作效率。

我问小莲："盘旋在脑海中的这句话，'你工作搞成这个样子，还有脸去休息'，是不是听起来有些似曾相识？"

小莲一下就回忆起来了。小学的时候，有一次数学考砸了，小莲的心情非常沮丧。她向父亲请求，能不能晚上让她看看电视，调节一下心情。可是，父亲却对她狠狠地骂道："你考成这个样子，还有脸去看电视？！"并且随手给了她一巴掌。

"天哪，我现在在对自己做一模一样的事情！"小莲惊呼道。

我告诉小莲，工作进展不顺利带来的沮丧感，激活了她脑海中的创伤认知：没有好成绩，我就不配去休息。在创伤认知的影响下，成年的、理性的小莲消失了，她变回了那个因为数学考砸了而在父亲的巴掌下瑟瑟发抖的小女孩。哪怕理性上小莲非常清楚，自己现在需要的是休息和放松，她也不敢去正视和回应这样的需求。此时此刻小莲的思想和行动都已经被脑海中的创伤认知所禁锢，使得她为自己正常的需求而感到无尽的羞耻。

在每个人的生活中，都存在着创伤认知的激活点。仔细回想一下自己的日常生活，我们就会发现，在一些场景中，我们"按道理"应该做这样的反应，但是实际上却做出了那样的反应。比如说，当有人对我们提出无理要求时，"按道理"我们应该感到被冒犯，并且果断地拒绝对方，但实际上我们却犹犹豫豫地不敢说不，生怕得罪了对方；又比如说，当我们不喜欢亲密伴侣的某个举动时，"按道理"我们应该去和他（她）沟通，但实际上我们却假装什么都没发生，委屈自己去配合伴侣的喜好；还有，当我们向领导做工作报告时，尽管工作进度一切顺利，"按道理"我们应该充满自信，但实际上我们却非常惶恐不安，觉得自己做得还不够好……

在这些时刻，我们的情绪和行为反应明显和现实中发生的场景不吻合，没来由地，我们感到自己不值得、不够好、不应该。这些时刻，便是我们创伤认知的激活点。被激活了的创伤认知会给我们带来无限的"脑补"场景：一层又一层关于原生家庭之伤的回忆，叠加着回忆带来的负面自我认知、情绪和思想，覆盖在了眼前的事实之上。我们开始分不清楚什么是客观事实，什么是主观想法。在原生家庭之伤的影响下，我们大脑中掌管思维和情绪的部分，已经不能对当下的现实做出恰当的反应了，而是会对深埋于脑海中的创伤记忆做出反应。

因此，在这些包含激活点的场景中，我们或气势汹汹地回击，或胆怯地逃之夭夭，或焦虑地无法动弹，就是无法做出合理的行为和情绪反应。此刻，我们丧失了理性思考的能力，只能冲动地根据创伤认知中的"事实"做出应激行动。

辨识"损友":自我批判之声

当创伤认知被激活时,我们会在脑海中听见许多声音在评判、质疑和讽刺自己的一举一动。这些声音,通常都是严厉的、冷酷的、戏谑的,就像小莲听到的讽刺声:"你工作搞成这个样子,还有脸去休息?"**这些不友好的声音就是创伤认知的具象体现——自我批判之声。**

图 4-1 展示了在遇到激活点之后,我们的心理反应链。

图 4-1

试想一下,如果当你遇到困扰时,身边的朋友不仅不为你提供支持和鼓励,反而在一刻不停地批评和讥讽你,你会有什么样的感觉?

你可能会感到遭受了攻击,变得更加灰心丧气,失去动力和信心去解决目前的困扰。你也可能会在心里记恨这位朋友,想要做出一些行动来反驳他。

这些自我批判之声就在我们的大脑中扮演这样的"损友"角色。拜它们所赐,我们的大脑不仅要面对外部激活点带来的困扰,还要应付内部正在受到的攻击和威胁。腹背受敌之间,我们的情绪变得非常低落、紧张、愤怒和沮丧,感到自己没有时间也没有精力去审视和分析眼前的客观事实。

在自我批判之声的影响下，客观事实被扭曲、省略、丑化成了针对我们个人的威胁和进攻。因此，在激活点面前，我们的肾上腺素水平急剧升高，心跳加快，瞳孔放大，手心出汗……这些生理变化让我们以为自己真的遇到了实实在在的"危险"。大脑接到这些夸张的"危险信号"后，通知我们必须立刻行动起来，无论做什么都好，保护自己远离"危险"。匆忙和紧张之下，我们往往会做出一些冲动的、"没脑子"的应激行动。

当离开了激活点之后，大脑会看到原来一切的"危险"不过是自己的过度解读罢了。回头看看当时的应激行动，我们往往会感到后悔和羞耻。对于一些人来说，这样的后悔和羞耻等感受就会变成新的激活点，又一次地激活了创伤认知，使得自我批判之声再次出现，导致新的、冲动的应激行动。就这样，这些人很容易陷入一轮又一轮"激活点—创伤认知—自我批判—应激行动"的恶性循环中。这样的恶性循环，正是诱发抑郁症和焦虑症的主要原因。

据心理学家观察，我们脑海中的自我批判之声通常可以分为以下几个种类。

个人化：即使毫无根据，你也认为自己需要对某件负面事情的发生全权负责，武断地认为这件事情的发生是你的过错，或者反映了你的缺点和不足。比如说，当有同事对你的态度很糟糕时，你马上觉得"这一定是我的错，一定是我在哪里得罪了她"。

跳跃式结论：你从眼前的场景直接跳跃到了消极的结论上去。你会觉得自己好像可以猜透人心，比如，当恋人未能及时回复短信或者电话的时候，你便"知道"他（她）一定是已经对你感到不耐烦了。你也会觉得自己好像可以预测未来，比如，"我的父母这么糟糕，我的童年这么不幸，那我这辈子等于完蛋了！"

为自己贴标签：根据某些错误或者过失，你便确信了自己就是某一类人。比如，在工作中犯了一个错误，其实只是"犯了个错误"，你却对自己说"我真是个蠢货"。

非黑即白：你倾向于用一种极端的、非此即彼的标准来评价自己，只要你发现自己有一点不完美，那么你整个人生都是失败的。比如，当你在减肥的时候忍不住偷吃了一块奶油饼干，你就对自己说："我已经减肥失败了，我永远是个大胖子！"

"我应该……"或者"我不应该……"：你通过训斥自己"我本应该这样做"或者"我不应该这样做"，来试图改变自己的行动和想法。当你的行为在现实中没有达到标准时，这句话就会使你讨厌自己，感到羞耻和内疚，更体会到无穷的压力。比如，当你很紧张地向领导做完工作报告之后，你对自己说："啊，我真没用，我本应该很自信的！"

以偏概全：你看到自己做了一件负面的事情，就觉得自己进入了永无止境的失败模式，用"永远"或者"永远不"

来形容自己。比如,"如果我没有拿到这家公司的 offer,我就永远也不可能找到工作了",或者"如果我明天没有走出原生家庭之伤的影响,我就永远走不出来了"。

拒绝优点:你拒绝欣赏自己的优点,坚持你所完成的任务都"不算数"。如果有人表示欣赏你的优点,你会告诉自己,"还不够好""还远着呢""我可以做得更好"……你对自己永远都不满意。

我们每个人的脑海中,都可能经常盘旋着四到五种自我批判类别。一遇到创伤认知的激活点,我们的大脑就像是自动打开了录音机一样,在背景中响起自我批判之声。我的很多来访者发现,脑海中自我批判之声的语气、语调、遣词造句,都像极了童年的时候父母对自己的批评。它和创伤认知一样,是我们在成长道路上吸收的"坏父母"部分,也是内心毒性羞耻感的体现。

道理都懂,为什么就是做不到

在生活中,"遭遇激活点—激活创伤认知—产生自我批评—做出应激行动"这一系列的反应往往发生在转瞬之间。很多时候,我们在还没有意识到创伤认知被激活的时候,就已经对着它带来的"脑补"场景做出行动了。所以我们常常会气恼自己,为何道理都懂,但是自己却永远做不到?

想要解决这个问题,**我们首先要意识到哪些是自己创伤**

认知的激活点,这样我们才能提前有所准备。激活点可以分为两类:内部激活点和外部激活点。内部激活点是我们感觉到的或者体验到的情绪、思想、记忆、身体知觉等。外部激活点是我们遇到的场景、碰到的人,或者所处的地点。例如,在来访者小莲的例子中,小莲的内部激活点是沮丧感,外部激活点是工作上的不顺利。

我们可以试着回想一下,在过去的一周之内,有没有哪些时刻,我们的情绪和行为反应明显和现实中发生的场景不吻合?有没有哪些时刻,我们感到了难以消化的负面情绪?或者,有没有哪些时刻,我们认定自己一无是处,不值得被爱,永远不够好?在这些时刻,我们所处的场景、地点,所经历的人际互动等外部环境是怎样的呢?同时,我们的情绪、思想、身体直觉等感性体验又发生了哪些变化?

以下练习将帮助你更加详细地发掘和记录自己生活中的激活点。请尽可能多地回想和写下你感到创伤认知被激活的经历。所有观察和反应都可能是你"激活点信息库"中非常重要的信息。当掌握了足够多的信息后,你也许就会发现属于自己的激活点规律。在未来,当类似的场景、身体感觉、情绪,或者脑海中的声音再次出现的时候,你就能准确地意识到,你的创伤认知很可能已经(或者即将要)被激活了。此时,你可以提醒自己,目前的想法很可能已经不再客观,情绪和行为的反应也很可能已经不再理性,而你即将做出的决定很有可能是一时冲动的应激行动而非深思熟虑的抉择。

练习 3：寻找创伤认知的激活点

可以试着回想一下在过去的两周内，你的情绪和行为反应明显和现实中发生的场景不吻合的时刻都有哪些？找到这些时刻，问问自己：这是什么样的场景？你的周围发生了什么？你感觉到什么样的情绪？你的脑海中有什么样的声音？你的身体有什么样的感觉？

请用表 4-2 记录这些时刻。

表 4-2

时间/地点	场景	身体感觉	情绪	脑海中的声音
（例）周五	工作很不顺利	很疲惫	沮丧	你工作搞成这个样子，还有脸去休息
（例）周一	向领导汇报工作	紧绷	紧张 焦虑	你什么都做不好！你一无是处

通过以上练习，来访者查理发现了自己的激活点是自己和男性权威人士相处的时刻。比如，每当跟男性领导汇报工作的时候，他都会感到超出常理的紧张和焦虑。可是，就算查理意识到了这是个激活点，他也很难控制自己不对该激活点做出过度的反应。每当要汇报工作的时候，查理还是会战战兢兢地走进领导的办公室，用颤抖的声音和领导说话，并且在心里为自己的胆怯感到万分沮丧。

查理在激活点面前体验到的"失控感"其实很常见。这是因为有的时候,被激活的创伤认知完全压倒了我们的理性认识,使得我们还没有来得及去审视和思考脑海中的自我批判之声,就已经做出了应激的行动。

因此,在意识到哪些是我们的激活点之后,我们也必须学会增加从激活点到应激行动之间的距离,为自己争取空间来辨识脑海中的自我批判之声。在心理咨询中,我向查理介绍了"暂停、放下、呼吸"练习:暂停马上行动的冲动,放下现在正在做的事情,深呼吸三次,仔细地倾听脑海中的声音。

下一次心理咨询见面时,查理告诉我,这周汇报工作之前他又感到非常紧张,但这次他没有战战兢兢地踏进领导办公室,他暂停了脚步,放下手头的工作报告,做了三个深呼吸。在深呼吸过后,查理感到内心的一股冲动消退了,他听见了脑海中的自我批判之声:"你什么都做不好!你一无是处!"查理被这冷酷无情的声音惊呆了。他发现,原来一直以来让自己感到紧张和害怕的并不是这位男性领导的所作所为,而是自己脑海中的打压声和批评声。

以下耗时不到一分钟的练习能够帮助我们在遇到激活点的时候,停一停,慢下来,为我们的大脑腾出空间和精力去辨识和审视自我批判之声。

练习4：五指呼吸法

1. 展开你的左手，伸展开五指。想象右手的食指是一支铅笔，你在用这只铅笔跟踪展开的左手五指。
2. 让右手食指从左手的掌根开始，向左手拇指上滑动，在拇指的顶部暂停，然后将食指向下滑动，回到掌根。同时，在右手食指向上滑动的时候通过鼻子吸气，在右手食指向下滑动的时候通过嘴巴呼气。请记住，保持食指移动和呼吸的缓慢与稳定。
3. 当你滑过了左手拇指，用右手食指继续向左手食指的顶端滑上去，再滑下来，以此类推，直到你的右手食指滑完了左手的五根手指，并且你已经缓慢地呼吸了五次。
4. 你的身体现在感觉如何？如果你觉得还是不够冷静，你可以用左手食指再滑一遍右手五指。
5. 仔细地倾听脑海中的声音，此刻你听到了什么？

与自我批判之声交谈

在第一次听到脑海中的自我批判之声后，我们可能会像查理一样，为这些声音的极端、冷酷和严苛感到吃惊。在过去，我们也可能从未考虑过这些批判之声是否真的符合客观事实，是否能对现状有所助益，是否在鼓励和促进自我成长。就像是小时候，我们默默地接受父母的批评，从未质疑他们的批评是否合理以及正确。

只要仔细地回想一下经历过的激活点，我们就能发现，这些自我批判真正可以算得上是我们的"损友"了。因为在大多数情况下，这些批评之声的初衷是真诚地希望我们能够自如地、成熟地应对生活带来的困扰和挑战。然而，它们传达出的内容往往既片面又情绪化，充满气势汹汹的人身攻击，却缺乏建设性的意见，并不能有效地帮助我们解决眼前激活点带来的苦恼。相反，它们带来的威胁感和压力感加深了我们面对激活点时紧张、害怕和盲目的心情，强化了创伤认知对我们的影响，让我们更加丧失信心和勇气去解决眼前的困扰。

出于害怕或者惯性，我们一直以来都在全盘接受自我批判之声，让它们左右自己的情绪、行为和决定。以下练习可以帮助我们从自我批判之声那里夺回一些主动权。

练习 5：与自我批判之声交谈

回到练习"寻找创伤认知的激活点"中，找一个让你能感受到轻微到中度负面情绪的激活点，闭上眼睛，把自己带到那个激活点的回忆中去。在回忆中问问自己，当时脑海中出现的自我批判之声是什么？它的声音、语气、语调是什么样的？它是否听起来很熟悉？它属于哪一种自我批判的类别？听到了自我批判之声后，你的心情如何？

用表 4-3 记录下你的发现。

表 4-3

激活点	脑海中的自我批判之声	自我批判类别	心情
（例）工作很不顺利，身体很疲惫，想要休息	你的工作搞成这个样子，还有脸去休息	我不应该	焦虑 气馁
（例）向领导做工作报告的时候，我很紧张	你什么都做不好！你一无是处！领导一定不会喜欢我的工作报告	非黑即白、拒绝优点、跳跃式结论	紧张 恐慌

当熟悉了脑海中的自我批判之声后，你需要意识到，它并不是你的"敌人"，而是想要帮助你却不知道该如何做的"损友"。你可以告诉自己，你能理解自我批判之声是在用它熟悉的方式，试图帮助你更加自如地、成熟地应对生活带来的困扰和挑战。然而，你也希望自己能够摆脱自我批判之声的控制，更加全面地、冷静地、理性地看待当前的情况和当时的自己。

你可以问问自己以下几个问题：

- 当时出现在我脑海中的自我批判之声所说的是客观事实，还是主观想法？
- 我怎样才能确定自我批判之声所描述的情况就是当时所发生的客观事实？
- 有什么证据说明自我批判之声所说的是正确的？有什么证据说明自我批判之声所说的是不正确的？
- 自我批判之声传达出来的批评、讽刺和质疑，有实际帮助到当时的我吗？还是在加重当时的我在情绪上的困扰？

- 有多少的可能性，自我批判之声预测的最糟糕的事情会真的发生在现实生活中？
- 如果自我批判之声预测的最糟糕的事情真的发生在现实生活中了，我有什么解决办法吗？

以上练习，能够帮助我们熟悉脑海中的自我批判之声，并且检验这些自我批判的合理性、现实性和可行性。

当小莲第一次在心理咨询室尝试了与自我批判之声交谈后，她了解到了它的苦心，也看到了它的局限性。小莲发现，该自我批判之声的本意，是督促她完成手头的工作。然而，它充满讽刺和羞辱的语气，却让小莲感到备受打击，更加焦虑和惶恐地面对未完成的工作。而且，小莲发现该声音并不了解她的工作习惯和身体状况，它不知道当小莲身体很疲劳时，工作效率会变得很低。它也忘记了，过去好几次的经历都证明，小莲硬撑着完成的工作结果都并不理想。

寻找内心"温柔而坚定"的声音

有些来访者告诉我，虽然明白了自我批判之声是"损友"，但是他们也担心，如果没有这样的"损友"一直在严厉地督促、鞭笞自己，自己就会沉迷于现状，无法进步。这些来访者常常认为，"如果我不批评自己，我会一事无成"，或者"如果我对自己太好，我可能会变得懒惰和骄傲自满"。因此，他们既厌烦脑海中的自我批判之声，又觉得自己离不开它。

你可能也很认同这些来访者的想法。小时候，当我们遇到挑战，或者遭受挫折的时候，比如说，成绩考砸了，或者和同学产生了矛盾，我们很少会从父母那里听到鼓励和安慰的话语，反而常常会受到严厉的批判和打击。长大后，我们以为，面对生活的挑战和挫折，想要让自己变得应对自如，唯一能做的就是严厉地批评和打击自己。我们厌烦自己的行为，甚至憎恶自己的存在。通过自我羞辱的方式，我们期待自己变成理想中的"那个人"。

然而，自我批判、鞭笞下的自我成长总是失败的，因为我们没有办法诚实地面对自己。在自我批判中，我们大脑中的创伤认知总是在被不断地强化。创伤认知背后的毒性羞耻感让我们越来越不能理性直面自己的弱点，因此，我们也就越来越不可能找到真正可以改善这些弱点的办法。我们所有的行为反应，不过是为了让自己躲避严厉的自我批判罢了，并不是真实的自我成长。

如果有机会去观察健全家庭中父母与孩子的互动，我们会看到"温柔而坚定"的亲子交流方式。当孩子犯了错误，或者遭遇挫折时，这些父母不仅会温柔地安慰孩子的情绪，鼓励孩子再次尝试，而且会坚定地为孩子指出他（她）行为上的失误，并且和他（她）一起想办法改善这些行为。这些父母虽然不会严厉地批判和打击孩子,但也不会纵容孩子的行为,他们会用爱与滋养支持着孩子,鼓励着孩子诚实而勇敢地直面生活中必然会出现的失误和挫折。

由于我们父母的个人、家庭、社会局限性,我们从小可能从未体验过这样"温柔而坚定"的亲子交流方式,也从没有感受过这种充满爱与滋养的亲子关系,因此我们才会如此依赖于自我批判的力量。这是原生家庭之伤给我们带来的遗憾,但也并不是完全不能弥补的遗憾。如今已经成年的我们,完全有能力在内心为自己重建这样温柔而坚定的声音,促进自我发展,鼓励自我成长。

我知道,如果现在遇到了激活点,让你立刻对自己温柔而坚定地说一些话,你可能会懵了,不知道该说些什么。创伤认知很顽固,它拒绝并抵抗一切向我们展现温柔和关怀的东西,更不允许我们对自己产生温柔和关怀。然而,我们可以做个假设,**如果现在遭遇到此情此景的人不是我,而是我的孩子(或者未来的孩子)、我的爱人(或者未来的爱人)、我的挚友,总之是一个我非常关爱、非常在乎的人,我会对他(她)说什么呢?** 我还会对他(她)说"你真没用""你是个蠢货"这样冷酷又无情的话吗?把我们会对孩子、爱人或者挚友说的话写下来,照着它大声地读几遍。这,就是我们心中温柔而坚定的声音。

在心理咨询中,查理假设他未来的儿子在向领导汇报工作前，感到紧张和恐慌，向查理寻求意见。查理说："我会对我的儿子说，看到你过去一个月一直在勤勤恳恳地工作，我感到你已经做得很好了。其实在大部分情况下，你都做得比你想象的要好。如果领导不喜欢你的工作报告，那也不要紧，你可以去问问领导的建议，然后根据他的建议去修改报告。不论结果怎样，对你来说都不是世界末日，你也不会因为一份工作报告而被炒鱿鱼。所以，尽可能地去展现你自己吧！无论怎样我都支持你！"说完这些，查理又惊又喜："为何我对他人都能够充满同理心和爱，对自己却如此苛刻和残忍呢？我真希望我能变成那股自己一直期待，但从未得到过的爱与滋养力量。"

在根据英国心理学家保罗·吉尔伯特（Paul Gilbert）自我关怀理论改编的表格（见表4-4）中，我们可以看到自我批判之声和温柔而坚定之声的本质区别。

表 4-4

自我批判之声	温柔而坚定之声
以谴责和惩罚为目标	以进步为目标
不断地因过去犯的错误而惩罚自己	寻找成长和进步的道路
传达愤怒、沮丧、轻视和失望的情绪	传达鼓励、支持和善意
一直在关注自己的缺陷，害怕这些缺陷暴露	主要关注自己的优点和潜力，寻找可以学习的地方
十分害怕失败，看重一时的得失	看重长期的得失，鼓励各种尝试
怂恿躲避	促进参与

我们可以看到，温柔而坚定之声鼓励我们敞开心扉接纳自己的弱点、局限和失误，同时也在提醒我们需要不断地成长和进步。这些声音在我们遭遇原生家庭之伤之后，给予我们重新成长的机遇和力量。

以下练习将帮助我们听到内心温柔而坚定的声音，与这些声音重新熟悉、联结起来。

练习6：用温柔而坚定之声代替自我批判之声

回到练习"与自我批判之声交谈"中，找一个让你能感受到轻微到中度负面情绪的激活点，闭上眼睛，把自己带到那个激活点的回忆中去。在回忆中问问自己：如果现在遭遇到此情此景的人不是我，而是我的孩子（或者未来的孩子）、我的爱人（或者未来的爱人）、我的挚友，总之是一个我非常关爱、非常在乎的人，我会对他（她）说什么呢？把你的回答记录下来，大声地读几遍。然后问问自己，在听了这些温柔而坚定的话之后，你的心情又变得怎样呢？

把你的回答记录在表4-5中。

表 4-5

激活点	脑海中的自我批判之声	自我批判类别	心情	温柔而坚定之声	心情
（例）工作很不顺利，身体很疲惫，想要休息	你的工作搞成这个样子，还有脸去休息	我不应该	焦虑气馁	我知道你工作得很辛苦，你可以先休息一下，等自己状态好了，再来工作也不迟。磨刀不误砍柴工嘛	放松自信

（续）

激活点	脑海中的自我批判之声	自我批判类别	心情	温柔而坚定之声	心情
（例）向领导做工作报告的时候，我很紧张	你什么都做不好！你一无是处！领导一定不会喜欢你的工作报告	非黑即白、拒绝优点、跳跃式结论	紧张恐慌	看到你过去一个月一直在勤勤恳恳地工作，我感到你已经做得很好了。其实在大部分情况下，你都做得比你想象的要好。如果领导不喜欢你的工作报告，那也不要紧，你可以去问问领导的建议，然后根据他的建议去修改报告。不论结果怎样，对你来说都不是世界末日，你也不会因为一份工作报告而被炒鱿鱼。所以，尽可能地去展现你自己吧！无论怎样我都支持你	感激平静

与创伤对抗：爱与滋养的能量

在练习了几次用温柔而坚定之声替代自我批判之声后，我们可能会发现某些温柔而坚定的声音能够特别有效地抚慰、舒缓我们的情绪，帮助我们理性面对眼前的情景，促使我们做出全面的分析和抉择。

如果你已经找到了这样的声音，恭喜你，你已经发现了属于自己的爱与滋养能量。**爱与滋养能量是我们在感受到自己的不足、缺陷、失败和痛苦后，还能够对自己充满爱护、**

关心、同情和理解的能力。

查理的自我批判之声总是告诉他"你什么都做不好"。查理发现,每当他对自己说"尽可能地去展现你自己吧!无论怎样我都支持你"之后,这样的自我批判之声就会消失。而且,好几次在跟领导做完工作报告后,尽管查理还是对工作报告的内容,或者自己的表现感到不满意,但是一想起这句话,查理就会感到心里暖洋洋的,好像又有了无穷的动力去完善自己的工作和表现。这,就是查理由心而生的对自己的爱与滋养能量。

我们内心的爱与滋养,是能够成功地对抗创伤认知影响的能量。它让我们意识到,作为人类的我们都并不完美,所以生活中的痛苦和失败是再正常不过的事情。正如美国心理学家克里斯汀·聂夫说的那样:"我们所有的成功和失败都会来了又走,它们既不能定义我们是谁,也不能确定我们有什么样的价值。"在爱与滋养能量的感染下,我们不会因为不想看到自己的弱点和失败而去逃避生活中的困难,也不会因为缺乏关爱而将这困难变成夸张的个人肥皂剧。我们会更加清晰地看到眼前的情景,也会更加诚实地面对自我。

如果你认为,对自己的爱与滋养就是"我上了一周的班很累,所以周末我就要躺在床上吃着薯片看着电视一整天",那你就错了。爱与滋养并不是自我放纵,而是用善待自己的方式,督促并维护长期健康和快乐的生活。在有些情况下，纵容自己的欲望和需求，可能会在短时间内让我们感到快乐，但是长期来看反而会伤害到自己的身心健康，比如无限制地喝酒、暴饮暴食、熬夜狂欢、陷入一段刺激但是危险的亲密关系中等。对于这些行为的纵容不是对自己的爱与滋养，而是以牺牲身心健康为代价，换得短暂的快感。而在有些情况下，对自己的爱与滋养会给我们带来一些当下的痛苦，也会约束和管理我们的内心所求，却能够塑造长久的、健康的满足感和幸福感，比如戒烟、锻炼、健康饮食、及时中断危险的亲密关系等。

读到这里，也许你已经发现了，你对自己的爱与滋养，和健全家庭中父母对待孩子的爱与滋养是一样的：**你既能够无条件地接纳和承认自己的过失与缺陷，也能够约束和鼓励自己去追求长久的幸福快乐。**因此，从某种程度来说，内心的爱与滋养能量其实就是我们理想中的"好父母"，它能够替代施与原生家庭之伤的真实父母来重新抚育、促进和支持我们如今的健康成长。

然而，对自己的爱与滋养，并不是需要读过几个博士学位，经过几年的禅修，取得了了不起的成就，才能够从他人手中获得的稀有物品，**它是天生就存在于每个人心底的能量。**

也许你会说："如果它一直都在我的心里，我怎么一直都没有感觉到呢？"

那么，我想问问你，是什么让你翻开了这本书，并且读到了这里呢？

你可能会说，"想要不再那么痛苦""想过得好一点""想要摆脱父母的负面影响""想要事业进步""想要爱情和谐，未来的家庭幸福"……

这些答案，其实都是你对自己爱与滋养的体现：你希望自己能够走出过去的阴霾，拥有更加幸福快乐的生活。你内心蕴含的爱与滋养能量，正是推动你现在思考、决定，并且做出行动走出原生家庭之伤的最大动力。不知不觉中，你已经在体验和实践它了，只不过在创伤认知和毒性羞耻感的笼罩下，你不知道这就是对自己的爱与滋养。

以下练习能够帮助你进一步体验内心蕴含的爱与滋养能量。尤其是当你感到自己已经被创伤认知和毒性羞耻感压倒了的时候，以下练习可以帮助你与内心的爱与滋养能量重新建立起联结。

练习 7：来自爱与滋养能量的一封信

想象自己是一个演员，正在扮演一位能够无条件地接纳你、支持你的人。记住，你只是个演员，你不必真的无条件地接纳和支持自己，你只需要扮演好这个角色就可以了。

你演的这个角色，可能是在过去确实给过你接纳和支持的某个人，也可能是你一直在期待的、却未能得到的某个人（比如，你理想中的母亲、父亲、爱人等），也可能是完全虚拟的、不会与你真实生活有交集的某个人（比如，指环王里的甘道夫、某位明星等)。

现在，请你作为演员，以这位角色的视角给你自己写一封信。这封信中，这个角色非常关心你的身心健康，也能够体察到你目前面临的困扰和挫折。他（她）对你充满了接纳和支持，用一种极为温和的方式提醒你思考自己的下一步行动，改善目前的困境。他（她）也愿意和你站在一起，来直面生活中的一切挑战。

信的开头，你可以这样写："亲爱的×××（你自己的名字），我知道你最近一直感到……"然后，你可以尽情地发挥演技，让笔尖自由地流动起来。你不需要控制自己的情绪，也不需要考虑写得对与否，就让自己沉浸在这个角色中，想写什么就写什么。

来访者小莲选择扮演的，是曾经鼓励和支持过她的小学老师。在信中小莲写道：

亲爱的小莲，我知道你最近一直感到焦虑和紧张，你担忧工作的进展，身体上也感到很疲惫。我听到你内心的自我批判之声，我觉得它对你很不公平。不论你的工作表现如何，学习成绩如何，你的需求都应该被尊重，你的身心健康永远都是第一位的。你，也只有你，最了解自己需要什么。

一直都为你感到骄傲的李老师

写完这封信后,小莲告诉我,虽然知道自己是在"扮演"李老师的角色,但是写下这封信的时候,她感受到内心中最温柔、最具有同情心、最充满爱的那部分被这番"表演"唤醒了。她说:"原来我真的有这样的爱与滋养能量。我想起来了,其实在工作顺利的时候,我的生活还是很有规律的,一直坚持锻炼、均衡饮食,这其实就是我对自己的爱与滋养。"

小莲说的没错,就像健全家庭中父母对孩子的爱与滋养会体现在人生大事上,也会体现在日常小事上一样,我们对自己的爱和滋养,可以大到在人生的艰难期依然对自己不离不弃,也可以小到只是在冬天为自己盖上温暖的厚被,或者在夏天为自己倒上一杯冰镇汽水这样简单。我们可以回头看看过往的生活,有没有在哪些生活小事上,我们体会到了这样的自我关怀和照顾呢?许多来访者都告诉我,常常做一些关怀自己的、简单的"日常小事",例如早上起床后喝杯柠檬水,晚上睡觉前洗个热水澡,和宠物玩耍,和朋友煲电话粥,能够给他们带来很长一段时间内心的平静和美满。以下练习给我们了一个机会来总结,什么样的日常生活小事会让我们感受到内心爱与滋养的能量,该练习是根据美国心理学家克里斯汀·聂夫和克里斯托弗·吉莫创建的 Self-Compassion in Daily Life 练习改编而来的(见表 4-6)。

练习 8：生活中对自己的爱与滋养

表 4-6

身体方面

你平时会怎样照顾自己的身体（例如，锻炼、按摩、泡澡、喝茶等）

心理方面

你平时会怎样照顾自己的心理，帮助自己减压（例如，看电影、做瑜伽、冥想、读书等）

情绪方面

你平时会怎样照顾自己的情绪（例如，和宠物玩耍、写日记、烹饪）

人际关系方面

你平时会怎样和让自己真正快乐的人保持联系（例如，和朋友出去玩、朋友或家人过生日时送贺卡、过节的时候和喜欢的家人在一起，等等）

精神灵性方面

你平时会怎样照顾好自己的精神/灵性世界（例如，祷告、去大自然中徒步、帮助他人、去教堂，等等）

在以后，你还希望在生活中增添什么样的新活动，帮助自己在日常生活中体会到内心的爱与滋养能量如果我们能够在日常生活中时常体会到内心的爱与滋养能量，我们就会发现，原来自己不需要等待原生家庭的改变，或者其他人的拯救，甚至是外部环境的配合才能过上健康、愉快的生活。真正的幸福和满足，其实全都来源于自己的内心。

觉醒，感悟真我的力量

感受到内心的爱与滋养能量，为我们能够感悟真实的自我提供了基础。正如上文所说，爱与滋养能量就像是住在我们心中的"好父母"。在这样的"好父母"的庇护下，我们知道自己不管做什么样的事情，展现什么样的性格，体验到什么样的情绪，都能获得源自内心的理解、支持和爱护。于是，在如此豁达而又温和的内心世界中，我们终于能够不带批判地来探索和体验各式各样的自己了：生气的自己、悲伤的自己、充满爱的自己、嫉妒的自己、害羞的自己、做错事的自己、取得成就的自己……

这些不同的自己，其实都属于"真我"中的一部分。**真我，正如心理学家温尼科特说的那样，是以内心的真实体验为源动力的自我，它是我们最诚实的、最精准的自我感悟，它能够带领我们过上最适合自己的生活。**

过去的我们一直逃避面对真我，因为不健全的原生家庭环境为我们限制和规定了一种死板的、虚假的、片面的自我状态，这就是我们的"面具"。我们只能根据原生家庭的需求来**"塑造"**自我，而不是根据我们内心真正的感悟和渴望来**"实践"**自我。在面具下，我们失去了作为人的自由与灵性，也失去了与自己和他人深层次的联结。

而真我渴望着成长，渴望着表达，渴望着被理解。所以，虽然我们在努力地说服自己去相信面具就是内心所求，但却常常能感觉到真实渴望渐行渐远的痛苦。这是真我在用痛苦的方式向我们发出信号，希望我们能够注意到它的存在。

感悟真我，意味着我们需要走出过去的舒适区，去体验一些陌生的经历。当内心的爱与滋养能量积攒到足够的程度后，我们就能够允许自己释放一些曾经被原生家庭禁锢的情绪，我们也能够允许自己展现一些曾经被原生家庭呵斥的自我表现，真我就会在这过程中被慢慢地从面具之下解放出来。

在很小的时候，我们轻松地拥有了感悟真我的能力。一般来说，八九岁以前的我们还没有足够的能力戴上面具来取悦他人，常常做一些"为所欲为"的事情。我们可以回想一下，在小学三年级之前的我们是什么样的人？我们喜欢做什么样的事情，玩什么样的玩具？我们最喜欢的人是谁？我们对未来的畅想是什么样的？对那时候的我们来说，什么算是完美的一天？那时候我们的爱好、梦想和性格，可能最接近真我的状态。

有时，解放出来的真我会出乎我们的意料，可能它和我们过去习惯的面具状态大相径庭，也可能它和我们当初幻想的状态有着千差万别。但是,当我们感悟到了真我的存在,并且按照真我的指引去生活的时候,它给我们带来的对人生的掌控感,和对自我的满足感,没有其他任何一种状态可以比拟。即便面对生活中不可避免的困难和艰辛,我们也能由心而生地发出感叹,"这是对的,这就是我想要的生活。"这就是有些人过着外人看似艰苦的生活,却依然幸福满足的原因。如果我们愿意去耐心地倾听,真我会带领我们走上最适合自己的人生之路,让我们时刻处在自己的最佳状态。

随着个人的成长,阅历的增加,我们对真我的感悟也会变化和发展。比如,我们如今对于儿时梦想的感受和解读,可能就和自己八九岁时不一样。这种感悟的变化没有"好坏"之分,只有是否真切的分别。我们对真我的感悟越诚实真切,就越能看清眼前的现实,也就越能找到通往理想生活的道路。

抛开面具,拥抱更多人生选择

在与内心的真我重新建立起联结后,我们死板的、虚假的、片面的"面具"就渐渐地不再起作用了。因为,我们已经体验到了,自己其实并不需要它的保护,就能过上理想的生活。

来访者艾米过去一直牢牢抓住"照顾者"的面具不放,在感受到真我之后,艾米发现原来只有照顾好了自己,她才可能更好地去照顾别人。如果牺牲了自己的感受和需求去迎合他人，真我会感到很委屈、很受挫，艾米也会对那些需要她照顾的同事感到厌烦和怨愤，更加没有办法处理好办公室里的人际交往。

来访者吉米在感悟到真我之后，他发现自己不再需要在女朋友面前也时时刻刻戴着"模范生"的面具了。他可以在女朋友面前犯错误，也可以展现自己脆弱的一面。因为吉米感受到，真我渴望的爱情是伴侣能够接纳自己的全部，和自己有深层次的交流，而不是仅仅爱着他"模范生"的面具。

读到这里，你可能会想，没有了"面具"的生活会很可怕吧？我不敢想象自己在老板和同事面前，或者在亲戚朋友面前摘掉面具、展现真我的场景。

别误会，感悟真我，抛下面具，不等于毫无保留地向他人展现真我。真我是内心最珍贵的宝藏，其他人需要赢得我们完全的信任，才可能被许以特权，看到我们心中最完整的真我。而我们的老板和同事，或者一些亲戚朋友，可能并没有机会在日常交往中赢得我们完全的信任。因此，在这些人的面前，我们并不能展现"赤裸裸"的真我，而是要给真我穿上一层"衣服"。这件"衣服"，就是我们在各种场合中需要扮演的**角色**。

角色和面具有本质的区别。角色是我们在特定场合中**"扮演"**的形象，它会随着场合的改变而变化。就像是小罗伯特·唐尼在演钢铁侠时，尽管他在很认真地演戏，甚至很多时候他的性格和钢铁侠的性格相互重叠，但是，他始终都不是生活在漫威世界中、拥有多种超能力的钢铁侠，他是好莱坞演员小罗伯特·唐尼。当《钢铁侠》电影收工之后，他可能又会去演另一个角色。同样的道理，在工作环境中，我们可以扮演"某某公司员工"这一角色。但是该形象并不能定义我们全部的生活，我们不会在自己的家庭中也继续扮演"某某公司员工"这一角色，而是会换成"子女""伴侣""家长"等角色。

这就是为什么我会说角色是真我的一件"衣服"。真我穿上了这件"衣服"，还是真我，只不过多了一些合乎特定场合、得体又礼貌的遮掩。我们可以在不同的场合下让真我穿上不同的"衣服"，却依然在心中清楚地知道：我究竟是谁，我到底想要什么，我内心最深的渴望是什么。

而毒性羞耻感带来的面具，则是非常固定和死板的，我们就**"是"**我们的面具。在原生家庭里，在工作环境中，在亲密关系中，在社交往来中……在每个场合中，我们都希望自己就是"模范生""照顾者""隐身者"等。这是原生家庭让我们养成的自我保护习惯。成长在不健全的原生家庭中，我们必须每时每刻都戴着面具生活，因为我们害怕只要有一刻的松懈，自己就可能会陷入原生家庭之伤的危险中。

当意识到自己是在"扮演"而不"正是"不同的角色时，我们就发现自己有很多选择的余地。比如，如果我们工作得很开心，我们可以一直继续扮演 A 公司员工这一角色。然而，当我们工作得不开心时，我们也可以选择跳槽，扮演 B 公司员工这一角色。又比如，我们在某段亲密关系中扮演伴侣的角色，但是，如果这段关系越来越不健康，我们知道自己可以随时终止扮演伴侣的角色，离开这段关系。

一生中，我们会扮演许多不同的角色。有些角色对我们个人来说必不可少，我们的生活因为这些角色的存在而闪闪发光，比如作为伴侣的角色、为人父母的角色、为人儿女的角色等。但是，不论这些角色多么重要，我们的真我永远是独立的、自由的、流动的，我们必须要对自己百分之百地诚实，才可能更好地承担扮演这些角色的责任。

走出"永恒的受害者"模式

在第 2 章中我们提到，原生家庭之伤带来了习得性无助。在它的影响下，很多时候我们感受不到自身已经获得的力量，认为自己依旧是那个生活在原生家庭中脆弱且无力的幼儿，依赖他人的照料和帮助，抗拒生活中的挑战和改变，害怕自己真正的内心渴望。

在习得性无助的影响下，我们以为自己一无所有，已经被原生家庭"毁了一生"。"我没有什么其他的选择""我没有能力去做那个""我必须要做这个"……面对成长道路上的契机，我们的第一反应常常是退缩和逃避。我们习惯性地把自己的权利、需求和渴望拱手让给他人，就像小时候一样，我们感到对自己的人生走向毫无掌控能力。

然而，作为成年人，如果我们都无法尊重自己的权利、需求和渴望，又怎么能期待他人来尊重我们呢？同样地，在习得性无助中的我们为他人对待自己的态度做出了错误的示范："你可以随意地无视和侵犯我的存在，因为我是这样的弱小、卑微和无助。"

于是，我们就真正地成了"永恒的受害者"。我们感到老板的不重视、同事的排挤、朋友的轻视、伴侣的冷漠，甚至父母也可以继续伤害和控制我们。我们在生活困扰面前的"无所作为"，其实正是一种主动的选择，我们主动地选择了向原生家庭之伤带来的恐惧感和无力感投降，主动放弃了人生的掌舵权。

当越来越感受到内心的爱与滋养能量，越来越与真我建立联结之后，我们就越来越不满意习得性无助带来的"永恒的受害者"角色。因为，我们已经认识到了，尽管经历了那么多原生家庭之伤的苦痛，我们依然没有丢失掉心灵中最珍贵的宝藏，我们并不比那些成长在健全家庭的人们缺少什么。这些宝藏一直静静地躺在我们的心底，只不过在过去，它们被原生家庭之伤蒙上了一层厚厚的灰。擦掉这层灰，我们会发现这些宝藏继续闪耀着属于自己的、独一无二的光芒。虽然原生家庭之伤塑造了我们的过去，但是却永远不能束缚我们的现在和未来。我们有权利，也有能力过上比现在更好的生活。

当我们不再把自己当成弱小又无助的受害者来对待时，其他人也会停止这样对待我们。每一次我们说"不"的时候，每一次我们为自己做出选择的时候，每一次我们想办法改进生活环境的时候，其实都是在用实际行动向这个世界宣布：我才是我人生的作者，我可以在任何时间，以任何方式书写我的人生篇章。

每当习得性无助袭来时，我们可以用"温柔而坚定"的声音提醒自己：在坎坷的成长路上前行至今，我们已经拥有了儿时不可想象的能力和资源，我们再也不是原生家庭中那个脆弱的、依赖人照料的、无法保护自己的儿童了，我们再也不需要父母的允许才能去做自己想做的事情了。作为成年人，我们完全有力量去建立和坚持自己的边界，勇敢地追逐理想中的生活，合理地表达情绪和需求。

以下练习，可以帮助我们提醒自己，作为一名成年人，我们拥有儿时没有的能力和资源。该练习改编自美国心理治疗师约翰·布雷萧的《回归内在：与你的内在小孩对话》（*Homecoming：Reclaiming and Healing Your Inner Child*）一书。

练习 9：我的力量

写下几件你现在拥有的，但是儿童时代没有的东西，或者几件你现在有能力做的，但是儿童时代无法做的事情。

例如：

1. 我会开车。
2. 我有一份工作。
3. 我有一个银行账户。
4. 我有一些存款。
5. 我可以用工资买任何我想要的东西，不必过问父母。
6. 我可以用"温柔而坚定"的声音与自己对话。
7. 我能感受到内心的爱与滋养力量。
8. 我知道真我的存在，并在积极地与它建立联结。
9. 我有一些真心待我的朋友。
10. 我接受过一定的教育。

……

写完之后，请你闭上眼睛，回想起儿时你的模样。如果一时想不起来，你也可以拿出一张小学或者初中时代的照片，看着照片中的你。

现在，在脑海中想象一下，已经成年的你正在慢慢走向儿时的你。待你走近后，你可以握住儿时自己的手，也可以拍拍他（她）的肩膀。请你在他（她）的耳边，用温柔而坚定的语气，把以上列表中你所写下的现在拥有的东西、有能力做的事情告诉他（她）。

我相信，在这个练习中，你会很惊讶地发现，自己比儿时成长了许多,也积攒了超乎儿时想象的力量和资源。一路走来,虽然坎坷起伏,但是你依然拥有自我生长的顽强生命力,"就像橡子一样,只要你帮它搬开了压在它身上的石头,它就会长成一颗橡树"。

重新书写我们的人生故事

如果你已经耐心地读到了这里,我就有理由相信,此时此刻的你对生活和自身的感悟已经和刚刚翻开书的你有了很大的不同。在第 2 章中,通过"我的人生故事"练习,你梳理了过往的人生故事。然而,你的人生故事不仅仅只有过去的伤痛,还有更重要的现在和未来。如今,我认为你已经做好了准备,可以继续梳理自己的人生故事了。

练习 10:继续梳理我的人生故事

1. 找出之前写了自己人生故事的笔记本和一支笔,找一个安静的房间,给自己不受打扰的 30 分钟。
2. 简单回顾一下过去的人生篇章,然后在新的一页写下:我现在的人生故事。
3. 闭上眼睛,问问自己:现在我的人生是什么样的?和过去的我相比,现在的我有什么样的改变?我现在的长处是什么?我现在所面临的困难是什么?

4. 睁开眼睛，把你所想到的写下来。
5. 再翻到新的一页，写下：我未来的人生故事。
6. 再次闭上眼睛，问问自己：我理想中将来的生活会与现在有什么不同？将来的我与现在的我相比，会有什么样的改变？
7. 睁开眼睛，把你所想到的写下来。

以上练习，能够让我们更加理性地看待如今的生活，以及更加了解自己对于未来生活的期待和理想。

当体会到了自身的力量和资源之后，我们就不会再用"永恒的受害者"眼光去看待过去发生的原生家庭之伤。我们知道，原生家庭不是唯一正在影响我们的因素，在成长的道路上，我们比自己想象的更坚强。

在第 2 章中，我们做了练习"我希望父母没有做过 / 说过的事情"，来帮助自己直面原生家庭之伤。带着这些新发掘的自身力量和资源，我们可以再次回头看看过去所经历的原生家庭之伤，并且为这些伤痛的经历注入新的体验和感受。

练习 11：重新处理我希望父母没有做过 / 说过的事情

1. 回到练习"我希望父母没有做过 / 说过的事情"中，挑选其中的一条，闭上眼睛，想象已经成年的自己回到了当时的情境当中。

例如，来访者艾米选择了"我希望我的妈妈没有在邻居的注视下打我两个耳光"。艾米闭上眼睛，脑海里回想起了当年的场景：妈妈扬起了手，怒目圆睁地对着年幼的艾米，旁边有两个邻居正在看着艾米和妈妈。与之前不同的是，艾米意识到，此时此刻的她不是那个刚刚被妈妈打了耳光的小女孩，她是如今已经成年了的、拥有力量和资源的艾米。成年的艾米走进了这回忆的场景中，注视着在原生家庭之伤的笼罩下脆弱、无助的儿时艾米。

2. 请注意此时现实生活中的你身体上发生的变化。你有没有感到身体哪个部位有些紧张，或者不适？

例如，艾米此刻感到了现实生活中的自己皱起了眉头，攥紧了拳头，并紧紧咬住牙齿。她感到胃部有点痉挛，也感到自己眼中的泪水就快要滴落。

3. 此时此刻，现实生活中的你感到了什么样的情绪？可以准确地说出来吗？请用"我感觉到……"的句式大声地把你的情绪说出来。

例如，艾米大声地说："我感到了无尽的愤怒，还有对幼年自己的哀伤。"

4. 把手放在你能感到这些情绪的身体部位，告诉自己"这是愤怒""这是哀伤""这是羞耻"……如果情绪太过强烈，你可以采用本章中的"自我安抚情绪"练习使自己平静下来。你不必压抑自己的情绪和身体反应，如果想要流泪，就流泪，如果想要大吼，就大吼几声。

例如，艾米把双手放到胸口，流下了眼泪。

5. 待情绪平静下来之后，你可以问问儿时的自己，此时此刻他（她）最需要的是什么。

例如，艾米看见，在回忆的场景中，儿时的自己哭着说："为什么没有人来保护我？我很害怕，我不想再待在这里了。"

6. 在听到儿时自己的回答后，你可以再问问现实生活中的自己，是否可以满足儿时自己的需求。如果得到了肯定的回答，你可以在回忆的场景中，为儿时的自己提供他（她）所需要的。

例如，艾米听见现实生活中的自己轻轻说了一句"可以"。于是，在她回忆的场景中，成年的艾米走上前去，紧紧抱住了儿时的艾米，用温柔而坚定的声音告诉她："我来保护你。"说完，成年的艾米拉着儿时的自己进了家门，离开了妈妈和邻居的目光，并且关上了房门。

7. 如果，你听见现实生活中的自己说"不，我不能给儿时的他（她）所需要的"，那么你可以问问自己："什么样的资源和力量可以帮助到你，让你最终能够提供儿时自己所需要的呢？"有时候，你会听见自己说"我需要更多的时间"，或者"我需要给自己更多的爱""我需要他人的鼓励"……

在听到答案后，你可以在今后的生活中留意，为自己用心地积攒和努力地创建这些资源和力量，等到现实生活中的你感到已经拥有了足够的资源和力量之后，你可以再回到这个场景中，为儿时的自己完成心愿。

8. 睁开眼睛，如果你愿意，可以用文字、绘画、音乐等形式，记录下你刚才在练习中的体验和感悟。

当我们完整地处理了一条原生家庭之伤的回忆之后，应该给自己一点时间来沉淀和休息，等到情绪和感受充分地稳定和平静下来之后，再去处理下一条回忆。千万不要操之过急，否则我们可能会感到情绪和心灵上的不堪重负。如果感到情绪和感受久久不能稳定和平静，或者始终感到如今的自己没有办法给予儿时自己所需要的，我们可以向心理咨询师求助。

冲破"舒适圈"，走上愈合之路

愈合原生家庭之伤是一条漫长而且反复的道路。当选择了这条道路，我们就选择了踏出自我的"舒适圈"，敞开双臂来拥抱未知的人生体验和感悟。

在这条崭新的人生道路上我们必将经历困难和艰辛。我们需要允许自己体会丧失带来的哀悼，鼓起勇气去挑战创伤认知，通过不断地练习来重新塑造自我认知。在不断前行中，我们会发掘内心的爱与滋养能量，最终与真我重新建立联结。

如果你希望在读完本书之后，就能完全摆脱原生家庭之伤带来的阴影，脱胎换骨地变成"理想中的自己"，这是非常不切实际的想法。事实上，没有任何一本书、任何一个人、任何一种治疗方法，能够像灵丹妙药一样，帮助你一蹴而就地完成心愿。个人愈合原生家庭之伤是一段漫长的过程，而不是一个最终的结果。

在这条愈合的道路上，你会发现过去的人生经验可能统统都不管用，其他人好心的建议或者过来人的经验可能也并不适用于你独特的人生状态。你好比是在森林深处迷路了的旅人，这本书，以及其他的书籍、专业人士的指导、朋友和家人的建议、治疗方案中的信息、过去的人生经验，都只是你手中的地图和指南针，给你提供指引和提示。最终，你还是需要凭借自己的双腿、自身的聪明才智、对世界和自我的理解走出这森林的深处。生活中的每时每刻都是你做出人生选择的契机。是继续走在这愈合的道路上，还是停留在这森林深处，全凭你此时此刻的选择。

在这条愈合的道路上，你也会发现身边有些人开始不习惯正在改变中的你。因为，对于有些人来说，处在"永恒的受害者"模式中的你给他们的生活带来了很多好处和便利。这些人与你的关系从来都不是平等和尊重的，他们常常以居高临下的态度出现在你的生活中，认为你是无力的、无助的、脆弱的。这些人包括施与你原生家庭之伤的父母，习惯了被你依赖着、仰望着的恋人，喜欢对你呼来唤去的老板和同事，或者是总是爱嘲笑你、占你便宜的朋友，等等。

当你逐渐发掘并且学会使用内心的力量后，这些人会感到自身利益的损失，也感到越来越独立自主的你给他们带来的威胁。于是，他们可能会希望通过打击你、否定你、指责你，再次把你推进森林深处。虽然他们口口声声地说自己是"为你好"，但你的直觉——"真我"告诉你，这些人并不是真心地为你长期的幸福快乐着想。

如果遇到了这样的情况，你需要认真地考虑，自己是否还想与这些阻碍你获得真我力量的人继续来往。在愈合的道路上，你最需要的是来自他人真诚的鼓励和支持，最不应该得到的是来自他人的打击和批评。作为一个独立的成年人，你有权利选择围绕在你身边的是能够帮助和支持你成长的人，比如真心对待你的朋友、尊重和珍惜你的爱人、专业和尽责的心理咨询师、能够理解你的家人，等等。

如果实在没有办法在物理空间上避免与那些有意或者无意伤害你的人来往，你也可以选择在心理空间上与这些人保持距离。你需要记住，作为一个独立的成年人，没有人可以真正地伤害你，除非你允许这些人这么做。

你也可能会想，这样的话说起来简单，做起来却很难。尤其是在与施与原生家庭之伤的父母相处中，保持物理空间距离很难，保持心理空间距离可能就更难了。你的这些困扰和担忧都是人之常情。在本书的下一章，我们会来探讨已经成年的子女如何与施与过原生家庭之伤的父母相处，才能更好地帮助和支持自己在这条愈合的道路上走下去。

> **总　结**……
>
> 　　原生家庭之伤是一种永恒的情感丧失。对丧失的哀悼，将伴随我们的整个愈合道路。虽然创伤事件可能发生在童年，但是这些事件带来的创伤认知如今依然会被生活中的激活点唤醒。在创伤认知的影响下，我们会在内心产生自我批判之声，导致冲动的应激行为。唯一能够对抗创伤认知的，是内心的爱与滋养能量：它是当我们感受到自身的不足与缺陷后，还能够爱护、关心、同情和理解自己的能力，是我们心中温柔而坚定的声音。在爱与滋养能量的帮助下，我们与最诚实的、最精准的自我感悟——真我重新建立联结。在真我的引导中，我们抛开"面具"，走出"永恒的受害者"模式，重新书写自己的人生故事。

第 5 章

与原生家庭相处

在我读过的西方心理健康自助书中，许多作者把愈合原生家庭之伤视作完全的个人行为，并不会花太多的篇幅去讨论愈合之路上，成年子女应当如何处理好与父母的关系。我完全理解西方作者这样写的意图。在西方文化中，子女年满18岁后，与原生家庭之间的联结逐渐淡薄直至互不干涉，是约定俗成的社会规范。比如，在美国的白人中产阶级家庭中，如果孩子已经上了大学，却依然和父母住在一起，花父母的钱，或者在人生大事上依然遵照父母的建议，会被认为是很"不正常"的事情。在这样的主流文化影响下，成年子女与父母的关系自然而然地会逐渐走向"井水不犯河水"的境界。因而，自助书作者也不愿意浪费大量笔墨去探讨子女如何与施与原生家庭之伤的父母相处，因为对大部分西方人来说，这并不是一个很难解决的问题。

然而，在中国文化中，家庭是最重要的单位。自古以来，中国人的伦理、道德、礼教、价值都与家庭息息相关。作为土生土长的中国人，我们浸染在"血浓于水"的家庭观念中。如今，就算背起行囊、远走他乡，我们也斩不断心中与原生家庭千丝万缕的情感。中国文化中对亲子关系的期许和规范，深嵌于我们的性格和思维之中，我们个体愈合原生家庭之伤的过程必将深受其影响。

因此，我将在本章深入探讨在中国家庭文化中，成年子女应当如何与施与原生家庭之伤的父母相处，更好地帮助和支持自己在愈合原生家庭之伤的道路上走下去。

离家，人生的必修课

改革开放至今，中国经济进入了飞速发展的时期，这导致了中国家庭结构中巨大的变化。由几代同堂到主干家庭、核心家庭、丁克家庭，再到"一人户"，传统的家庭模式在渐渐瓦解，多元化的组合在形成。在全球化经济浪潮的冲击下，蓬勃发展的中国经济需要的是成熟独立、有能力有担当的个人，而不是五六十年前紧密结合的大家族关系。中国的社会共识也在改变，人们越来越不能接受"妈宝男""小公主"这样以"啃老"为荣的个人,也非常厌恶"我爸是李刚"这样"拼爹"的家族关系。

同时,越来越多的年轻人在激烈的社会竞争面前意识到,能否成功地离开原生家庭、走上独立的道路,直接决定了他们能否成长为一个有能力在社会上立足的成年人。越来越多的年轻人也发现,自己与父辈的观点之间出现了不可逾越的鸿沟。他们必须通过离开家庭这一阶段,才能感悟最真实的自我,发展内在的力量,过上自己真正想要的生活。

因此,尽管东西方文化对于亲子关系的理解和期待大相径庭,但不可否认的是,当今无论是在美国还是在中国,成年子女离开原生家庭,展开自己的人生,已经成了每个人人生发展中的必经阶段,也成了现代家庭成长阶段中必须完成的任务。

美国著名心理学家埃里克·埃里克森的研究表明,在西方文化中,处在青春期的孩子已经为成年离家做好了准备。西方青少年通过种种"叛逆"的方式,来脱离原生家庭的制约和管束,寻找属于自己的价值和身份认同。一旦成年,便可以在新鲜出炉的自我意识的鼓舞下离开原生家庭。

然而,在中国文化中,由于高考带来的学业压力,大部分中国人的青春期献给了象牙塔中的努力奋斗。而且,由于中国家庭文化强调对孩子的管束,依赖父母生活的青少年并没有这样的"叛逆"机会和空间去探索并发现自我。因此,绝大多数中国人在青春期的岁月中,并未能够为自己做好成年离家的足够准备。尤其是成长于原生家庭之伤中的我们,为了避免更多的伤害和痛苦,我们不敢轻易地去寻找和尝试与原生家庭不同的价值观、世界观和自我意识。

于是,我们可以看到,中国人的成年离家阶段普遍比西方人晚了很多。大学本科期间,或者踏上工作岗位是许多中国子女第一次踏出原生家庭的大门,半脱离父母的管束,寻找自我价值和身份认同的成年离家准备阶段。在中国社会中,这个离家准备阶段可能会延续到大学本科毕业、研究生毕业、工作两三年,甚至更久,直到子女感到自己的精神和物质条件都已经成熟,才会真正开始离家的过程。

当然,也有相当一部分中国子女,在离家的准备阶段初尝到了真实世界的残酷,便选择放弃独立生活的权利,自愿甘当依附于父母的"啃老族"。

离开原生家庭是怎样一种体验

那么,到底怎么样才能算是离开原生家庭呢?是不是一定要像美国成年子女和父母那样"井水不犯河水",才算是真正离开原生家庭呢?

我认为,**离开原生家庭包含两个方面:一是在生活中不再依赖原生家庭的照料,二是在情感上不再需要原生家庭的准许**。这两个方面缺一不可,任何一个方面没有完成,我们都不能算是完整地离开了原生家庭,成了拥有自我独立意识的成年人。

首先,在生活中,离开原生家庭意味着我们不再依赖原生家庭的照料。这里的照料,既指的是父母在生活琐事上给我们提供的便利,例如洗衣做饭、照顾下一代、开车接送等,也指的是父母在经济上和事业上给我们提供的帮助,比如安排工作、提供生活费、帮忙买房子等。

看到这里,你可能会问我:如果父母乐意在周末帮我照看孩子,让我和伴侣出去过一下二人世界,我和我的伴侣也乐意他们这样做,难道这也意味着我还没有离开原生家庭吗?

那么,我想问问你:如果你父母这周末突然有事,没有办法帮你照看孩子了,你会怎么办?

这里的关键词是**依赖**。依赖的意思是,在生活中我们除了接受原生家庭的照料,没有其他的选择。一旦原生家庭不能给我们提供照料了,我们就会陷入束手无策的地步。

如果你的回答是,"那我们就不去过二人世界了,在家带孩子",或者"我会花钱找人来帮我看护孩子",那么,**你其实并没有在依赖原生家庭的照料,而是在选择接受来自原生家庭的"礼物"——帮忙照看孩子**。这就给了你自主决定的空间和权利。如果以后,你对于父母照看孩子的结果并不满意,你随时都有权利选择"退回"这样的"礼物"。

然而,如果你的回答是,"我父母必须要推掉自己的事情来帮我,没有他们来带孩子,我们可怎么办",那么,你便是在依赖着父母给你提供的育儿便利。如果以后,你对父母照看孩子的结果不满意,你也不能拒绝,因为你没有足够的精力、金钱或者心理准备为自己找到别的育儿选择。这样别无选择的状态就意味着,你如今的生活依然在被原生家庭的环境所掌控,被父母的行为举止所支配。尽管已经结婚生子,可是你从未真正离开原生家庭,你依旧是那个无力又无助的"受害者"。

我们也可以用同样的原则来看待父母提供的经济帮助。比如,想在大城市里拥有属于自己的房子,是很多在外打拼年轻人的梦想。在房价飙升的今天,许多年轻人选择接受父母提供的首付款,来帮助自己实现梦想。可是,我们需要明白的是,父母提供的住房首付款是"礼物",而不是"义务"。父母完全可以选择不提供这样的"礼物",子女也完全可以选择不接受这样的"礼物"。因此,作为子女的我们不应该假定自己的房屋首付款就应当由父母来承担。那些抱怨父母没有能力支付首付款的年轻人,其实是把实现梦想的希望寄托于原生家庭之上,主动地放弃了独立人生的权利。在这样的心态作用下,这些年轻人无论怎么做,都不可能被父母当作成年人来对待,他们自己也不可能从"永恒的受害者"状态中走出来。

同时,我们也需要明白的是,**父母的"礼物"通常带有附加条件,有些附加条件是明确的,有些是隐藏的。**选择了接受"礼物",我们也就选择了接受这些附加条件。因此,我们应当在接受"礼物"之前,和父母开诚布公地谈谈,这份"礼物"的附件条件中到底包含了什么。是否有一些隐藏的附加条件,父母并没有跟我们点明?我能不能够接受这些附加条件?如果不能,是否有协商的余地?

我们需要等到这些问题都被回答了,并且确保父母也明白了我们对这些附加条件的态度后,再选择是否接受父母的"礼物"。否则,糊里糊涂地接受了"礼物",其实是我们在自欺欺人地依赖着父母的照料。

其次,在情感上,离开原生家庭意味着我们不再需要原生家庭的准许。这方面指的是,我们所有的情绪,所有的思想,所有的选择都不再受到父母的约束和管理。我们可以充分地体验处在任何状态中的自己,无论父母的喜恶。我们想要做什么决定,就有绝对的权利去做那样的决定。我们拒绝戴上任何父母希望我们戴上的"面具",我们可以成为任何自己想要成为的样子。我们听从真我的带领,过着自己真正想要的生活。

这就意味着我们知道,**就算没有父母的支持,甚至没有父母的准许,自己也可以在愈合原生家庭之伤的道路上走下去**。通常,施与原生家庭之伤的父母并不乐意看到我们走上愈合之路。由于内心的毒性羞耻感作祟,这些父母需要通过处在原生家庭之伤泥沼中的子女,来获得自己作为家长的权威感和掌控感。当看到子女逐渐找回自己的力量、变得强壮和坚定后，这些父母会感到自己的利益和权力遭受到了攻击和挑战，因而对正在愈合的子女产生怨愤和防御的心情。许多父母虽然在嘴上说着"我是为了你好"，但其实是在通过过分控制、情感敲诈、言语攻击等伤害行为阻碍子女的愈合之路。

如果已经充分了解了父母施与原生家庭之伤的缘由，我们就一点也不会惊奇为何父母无法准许，更不要说支持我们的愈合之路了。不可否认的是，面对父母的负面态度，我们难免会充满悲伤和愤慨，在这条艰难的道路上，我们很多时候感到自己正在孤军奋战。然而，这些情绪也不应该是我们要放弃这条道路的理由，因为我们知道，一旦停止前行，自己很有可能就会被推向更深的原生家庭泥沼之中。我们心里也十分清楚，自己并不是为了"报复"父母，或者"感化"父母才走上这条愈合之路的。我们所做的这一切，都是为了滋养与爱护受过伤的自己。为了能够过上真正想要的生活，为了体会到强大的内心力量，为了再一次敞开心怀地面对这个世界，愈合原生家庭之伤是我们不得不为自己做的事情。

离家是愈合原生家庭创伤的前提

在第 3 章中，我们了解到无法完成家庭成长的任务，无法完成家庭权力的过渡，是造成原生家庭之伤的主要原因之一。遭受过原生家庭之伤的我们，如果没有办法完成"成年离家"这一阶段,那就不能算真正走上愈合伤痛的道路。因为,身处在原生家庭之中,我们无法对其进行哀悼,也无法重新塑造自我认知。原生家庭带来的熟悉感和便利感,让我们很容易放弃寻找内心爱与滋养的力量。我们无法感悟真我,因为我们还是需要面具来让自己继续生存在原生家庭环境中。

在生活上和情感上都成功地离开了原生家庭后,我们能够感到,从这一刻开始,**我们只属于自己,而不再属于父母。我们对自己的生活享有最高的权利,也对自己的人生拥有最多的责任和义务**。我们,也只有我们,能够改变、拯救、安抚和照顾自己。

因此,离开原生家庭对于任何人,哪怕是成长在健全原生家庭的人来说,都是一个痛苦的过程。它逼迫我们去承认这样一个事实:人的本质是孤独的。我们无法永远依附于另一个人,我们的个体生命与他人的个体生命本身就存在不可协调的矛盾。然而,这孤独的本质又为我们带来了人生的另一面,那就是自由。没有人可以为我们决定人生的走向。未来的命运会怎样,完全取决于我们此时此刻的想法和行动。

只有成功地离开了原生家庭,我们才可能拥有空间去探讨如今自己应该与父母以何种方式相处。如果,在生活上和精神上我们还需要父母的照料和准许,我们与父母只可能有一种相处模式,那就是不平等的相处模式。我们常常会感到自己"别无选择",只能被父母的态度、想法和行为推着往前走。我们可能一边怨恨着父母的管束,一边舍不得离开父母的照顾。无论用什么样的技巧相处,我们和父母的关系只会在相互激怒,又相互纵容中变得越来越差,我们也会在原生家庭之伤中越陷越深。

寻找原生家庭之外的支持与肯定

在离开原生家庭的过程中,不论我们与父母的关系如何,我们必将经历失去依赖的痛苦,和独自面对未来的恐慌。此时,如果我们身边有一群志同道合的伙伴,可以相互"吐槽",相互陪伴,相互帮忙,会使得这离家的痛苦过程变得更加容易承受。就像美剧《老友记》中那样,从小深受宠爱的瑞秋第一次忤逆父母的心愿,拒绝嫁给她不爱的人,跑到咖啡馆来做女招待时,是"老友们"的支持和鼓励,才让她坚持了下去。当刚刚离家的瑞秋对残酷的现实生活感到恐惧,又想要回到父母的羽翼下时,"老友们"鼓励她剪断了父亲给她的信用卡,彻底切断了父母在生活中对她的照料:"欢迎来到真实的世界。它很糟糕,但你还是会爱上它!"最终,瑞秋靠着自己的勇敢与勤奋,和朋友们的支持与陪伴,过上了自己理想中的独立生活。

虽然这是电视剧中的情节,但是现实生活中的许多心理学实验研究也证实了,获得身边人的支持和肯定,是促进我们完成一件困难事情的重要推动力。

施与原生家庭之伤的父母,大多数没有办法给我们提供这样的支持和肯定。因此,我们需要在原生家庭之外,寻找这些志同道合的伙伴。真我,是帮助我们找到这些"老友"的最好向导。真我会用感受和直觉告诉我们,哪些人是真正地懂得我们、支持我们、陪伴我们的伙伴,哪些人则是打着友谊和关爱的旗号,趾高气扬地介入我们生活的指挥者。这些志同道合的伙伴,可能是朋友,是老师,是心理咨询师,是网络社群,等等。真我在这些伙伴面前感到十分安全,因而我们可以放松地对他们倾诉一部分心事,并且知道自己能够从他们那里获得一些精神上的支持和安慰。

在愈合原生家庭之伤的道路上,寻找到志同道合的伙伴就更加重要了。这些伙伴的存在,能够缓和我们孤军奋战的悲凉感。通过诉说和倾听彼此的故事,我们也许能够从伙伴的经历中获得愈合的灵感。

除此之外,和志同道合的伙伴相处,也为我们提供了培养信任感的契机。在原生家庭之伤中长大的我们,可能并没有多少机会去学习如何信任他人。在和父母相处的时候,我们总是需要处于警觉的状态,时刻担忧自己的言行举止会招来麻烦。离开了原生家庭之后,因为不想再次受到伤害,也因为不知道该如何信任他人,我们可能依然停留在这警觉的状态中。这就让我们很难顺利地从"成年离开原生家庭",过渡到下一个"寻找伴侣、创建新家庭"的人生阶段。因为,对于从未向他人打开过心门的我们来说,和他人建立亲密的浪漫关系，并且最终走向婚姻和家庭，无疑是一场巨大的信任冒险。

所以，与志同道合的伙伴相处，可以被看作是我们从"成年离开原生家庭"到"寻找伴侣、创建新家庭"之间的一个缓和阶段。我们在与伙伴的友谊中，不需要像在原生家庭中那般警觉和封闭，但也不需要像在浪漫关系中那样袒露和亲密，我们完全可以通过不断的尝试和改变，找到令我们最舒适的相互信任度。在友谊中，我们能够体验到人际关系的产生、发展和成熟，感受他人的支持和陪伴带来的愉悦；我们也能够体会到朋友间愈行愈远的冷落，友情的逐渐凋零，甚至再次遭受背叛和欺骗。这些经历，都会帮助我们更加真实地看待人际关系的本质和内涵，为以后建立亲密的浪漫关系打下基础。

如果，我们觉得自己还没有做好准备发展友谊，或者真我还未能找到这些志同道合的伙伴，有时心理咨询师也可以作为我们志同道合的伙伴，和我们发展一段健康的、积极的咨询关系。专业的心理咨询师，会为我们提供一个非常安全、自由的空间，让我们在轻松的状态下探索自己的情绪和想法。我们能够通过和咨询师的互动，理解人际关系中表达情绪、沟通需求、妥协不同等技巧，并通过体验咨询关系的产生、发展、成熟和结束，来更好地适应现实生活中人际关系的过程与阶段。我们也可以通过与咨询师发展信任感，来重新学习如何去信任他人。

选择最合适的相处方式

在离开了原生家庭,并且寻找到了足够的伙伴支持后,我们便为自己创建了充足的空间和基础来探讨和尝试与父母的相处之道。然而,在讨论如何与父母相处之前,我们首先应当问问"真我"这样一个问题:**我是否希望与父母继续相处下去?**

对于相当一部分遭受过严重原生家庭之伤的人来说,真我会告诉我们,为了满足身心健康的基本需求,我们**不得不**停止与父母继续相处下去。

著名心理学家马斯洛在他的人类需求层次理论中提到,生理需求和安全需求是人类两大最基本的需求。如果这些需求都未能得到满足的话,人们的生活将无法健康地运作下去。而有些父母的伤害,在很大程度上剥夺了子女的这两项基本需求。这些原生家庭之伤包括持续的、严重的肢体暴力,持续的、严重的言语虐待,性侵犯以及性虐待,极端控制子女的事业、婚姻等人生大事,要求子女满足其非常态的要求等。由于自身的局限性,这些父母可能直到如今依然在做着这些严重侵犯子女人身安全以及身心健康的行为,或者对过去造成的伤害丝毫没有任何悔过之意。

在与这样的父母相处时,子女作为人的基本需求从未被满足过。就算已经成年,面对父母,我们也会出于本能地感到巨大的不安全感、压力感和恐惧感,这些感受使得我们没有办法进行正常的日常生活，更没有办法踏上自我愈合之路。在这样的情况下，我们会发现，只有在没有父母持续的伤害、干扰和阻碍下，才能够发展自我，寻找自身的力量，成长为自己真正想要成为的人。为了未来的健康生活，我们必须在目前停止与父母的相处。

停止与父母继续相处下去，并不一定意味着我们和父母断绝亲子关系，此生再无交集。事实上，这是一个非常"个性化"的选择，每个人的真我对于"停止与父母相处"的理解都可能有所不同。比如，有些子女公开与父母断绝关系，老死不相往来；有些子女不再与父母联络，但是依然承担赡养父母的法律义务；有些人选择和父母偶尔有联络，但是尽量减少见面的机会，联络的内容仅限于赡养等事务性的内容，等等。诚实地去倾听真我的渴望，我们才能做出最适合自己当前状态的选择。

同时，"是否与父母继续相处下去"的选择并不是永远固定的，我们随时都有更改选择的自由。这是因为，真我是具有流动性的。随着人生经验的增加，自我力量的增长，我们对于是否能和父母相处下去的看法也会有所改变。

在临床工作当中，我看到不少处于愈合之路初期的来访者，在和父母的相处中依然感到非常害怕和无助，这极大地影响到了他们的正常生活。那么，此时他们决定不和父母继续相处下去，便是在给自己创造必要的成长和愈合空间。渐渐地，这些来访者在自我愈合的道路上感到了内心力量的茁壮成长，以及更多地认识到了父母的局限性。再想到与父母的相处时，他们已经不再害怕了，并且明确地意识到父母的想法、态度和行动都不可能再撼动他们的内心。于是，在真我的指引下，他们逐渐地恢复了与父母的相处。

相反，我也看到有些来访者，一开始认为自己有能力和施与严重伤害的父母相处。然而，在相处的过程中，他们逐渐感受到了父母过于强大的"创伤电量"正在侵蚀着自己的健康生活。因此，他们听从真我的渴望，及时"止损"，选择了停止与父母继续相处下去。

这些反反复复的选择和决定，是在不断摸索、发掘和实践最适合自己与父母相处之道中，我们都会遇到的普遍现象。我们只有对自己诚实，对真我诚实，才可能做出最适合自己当前状况的选择和决定。

然而，我也明白，无论如何，当我们做出"不与父母继续相处下去"这样极具争议性的选择后，我们一定会受到身边人的非议和反对，尤其是在一个相对保守和传统的生活环境中。

只是，作为独立的成年人，我们是最终需要为自己的选择和决定负责任的人。那些劝说我们继续和父母相处下去的"好心人"，不会替代我们去承担与父母相处时的痛苦和折磨，也不会替代我们过着充满着压力、恐惧甚至危险的生活。如果因为社会环境的压力，我们忽略了真我的感受，硬着头皮与父母继续相处下去，我们便是在把自己重新推进危险和痛苦的环境中，以牺牲自己的身心健康为代价去迎合世俗的眼光。我们应当意识到，无论在何种生活环境中，我们都享有为自己人生做出选择的最高权利。

如何告诉父母他们对我们的伤害

"只要想到父母在过去对我施加的伤害，我就感到非常的愤怒。我很想跟他们当面对质，告诉他们伤我有多深，告诉他们我内心有多么的愤怒和悲伤，你觉得我应该这样做吗？"来访者查理问我。

查理不是唯一一个有这样困惑的人。事实上，许多遭受原生家庭之伤的成年子女，在考虑如何与父母相处下去之时，都会感到这个问题变成了横在心头的一道坎。

在临床咨询工作中，在生活中，在网络论坛上，我都听到或者看到了类似的问题："我要不要告诉父母他们对我造成的伤害？"很多时候，这些成年子女的初衷是想为自己过去的遭遇"讨个说法"，也想让父母明白和承认他们造成的伤害。还有许多人认为，如果不明确地告诉父母我们对于原生家庭之伤的痛苦感受，无论我们和父母怎么相处，都是"不真实"的亲子关系。

看着来访者查理痛苦的表情，我陷入了沉思。这个问题让我想到了自己在刚刚接触心理咨询时看过的一部纪录片

Searching for Angela Shelton。

美国女性导演安吉拉·谢尔顿（Angela Shelton）从小被父亲殴打和性侵，并且目睹父亲强暴自己的姐姐。后来她和她的姐姐都被儿童保护局解救了，逃离了父亲的魔爪。之后，安吉拉虽然再也没有和父亲联系过，但是那段生活的梦魇一直追随着她。为了寻求内心的平静，也以为能够加速自我愈合，安吉拉终于几经周折找到了自己耄耋之年的父亲。

一番寒暄之后，安吉拉鼓起勇气向父亲提起了当年的虐待，表达了自己对其行为的愤怒。

谁知，父亲十分淡然地说："有吗？我怎么什么都不记得了……"

安吉拉顿时愣住了，整个人都在颤抖。过了好久，她极力忍住情绪，含着泪对父亲说："你怎么可能不记得？我因为你的殴打得了重病，姐姐因为你的强奸尝试自杀了好几次！"

父亲继续毫无表情地说："我真不知道谁给你灌输了这样的想法，这都是污蔑。你20多年都没有回家，我都原谅了你，你怎么还可以这样跟我讲话……"

安吉拉沉默地听着父亲的辩解，身体不住地颤抖着。父亲说完，安吉拉几乎是崩溃地哭着跑回了她的车里。

安吉拉的心理咨询师在车里等着她。心理咨询师拥抱了安吉拉，说："这是我们之前预料到的结局，你知道的，虐待者是很难改变的。你应该为自己的勇气而自豪。"安吉拉倒在心理咨询师的怀中放声大哭……

看完这个纪录片，我久久沉浸于为安吉拉感到悲伤和愤慨的情绪中，也为她父亲的冷漠和无耻感到震惊。儿童保护局的案底、法庭判决的记录和那么多目击者的供词，都白纸黑字地写着父亲的虐待，他怎么能够就这样轻飘飘地否定了安吉拉的痛苦，否定了自己的罪行，还反过来指责安吉拉呢？

在之后的心理咨询工作中，我又经历过了几次像纪录片中那样，成年子女与父母对质原生家庭之伤"失败"的案例。我逐渐地了解到，许多施与伤害的父母，极有可能并没有机会去释放心中的创伤电量，也没有机会获得爱与滋养的电量。因此，在毒性羞耻感的影响下，尽管伤害行为早已铁证如山，但是他们依然选择躲在自欺欺人的"面具"背后，极度地恐惧和逃避"面具"可能被揭穿的场景。就算被当面对质，他们也无法感同身受子女的痛苦，更不可能承认和后悔自己曾经做过的伤害行为。在没有被心理干预的情况下，这样的父母不可能成为一个真实的人，不可能给子女真实的爱，更不可能流露出真实的、对原生家庭之伤的内疚之情。

于是我明白了，**成年子女向父母表达自己对原生家庭之伤的痛苦感受，可能是一个疗伤治愈的过程，但也可能是一个再次被伤害的过程。这完全取决于我们希望从这表达中获**

得什么。我们的希望是否符合实际情况？我们是否真正地了解自己的父母？我们又是否真正地了解自己？

如果我们希望通过表达对原生家庭之伤的感受来促使父母改变自身行为、态度和看法，或者让父母能够对我们的愤怒与痛苦感同身受，抑或者令父母承认自己的伤害行为，甚至向我们道歉……那么，在这样的对话中，我们注定会再次经历失望与伤害。不论子女如何理性并且自持地表达感受，在许多笃信孝道文化的父母心中，这样的表达就是在挑战父母作为家长的权威，无视父母曾经的付出，指责父母行为的过失。此外，许多施与伤害的父母，由于知识的局限，很可能直到如今依然不认为他们的行为是在伤害子女，或者完全不记得这些伤害的行为。因此，这些父母极有可能采取非常强硬的防御态度来面对我们的表达。随着人生阅历的增加，这些施与原生家庭的父母可能终有一日会改变，但不一定会为了子女的愤怒和伤痛而改变。

因此，我们向父母诉说原生家庭之伤的最终目的，是为过去幼小无助的自己发声，是为如今直面伤痛的自己发声，也是为将来愈合伤痛的自己发声，而不是为了教育、感化甚至惩罚父母。通过理性的方式向父母倾诉内心积压已久的愤怒与悲伤，我们其实是在用实际行动向自己证实：我值得被他人平等、尊重、真诚地对待。

在告诉父母内心伤痛之前，我们必须在心理上做好可能被父母再次伤害的准备，因为我们无法预料和控制父母在听完了倾诉之后的反应。我们可以问问真我，自己是否愿意，并且有足够的能力来承受原生家庭的再次伤害？如果父母曾经施与严重的原生家庭之伤，例如肢体暴力、性侵犯、极端控制等，我们也应当考虑，向父母表达了真实情感和想法之后，我们是否能够保证自己今后的身心安全？诉说了内心伤痛之后，我们希望与父母以怎样的方式相处下去？

如果在仔细考虑过以上问题之后，你依然决定告诉父母他们对你的伤害，那么，以下练习可以进一步帮助你准备好这场对话。该练习改编自美国心理治疗师苏珊·福沃德博士《中毒的父母》一书。

练习1：准备与父母的对话

1. 确定你想和谁对话，最好与父母分别单独对话。
2. 选择你认为对自己和父母都合适的对话时间与地点。
3. 提前写下你想表达的主要内容，并且记住它们。
4. 如果条件允许的话，你可以与信赖的人（例如朋友、心理咨询师等）提前演练一下。
5. 想象一下在对话中，你有可能会遇到的最糟糕的情况是什么。你准备怎样处理这种情况？
6. 与父母的对话可能会带来强烈的情绪。在对话过后，你准备怎样处理这些情绪，不让它们影响到你的正常生活？

7. 记住，任何时候你都有权改变是否与父母对话的决定，也有权改变自己想要表达的内容。

如果在深思熟虑之后，你失望地明白了：你的父母由于个人的局限性，不太可能对你的痛苦与愤怒感同身受，更不可能改变他们的行为，而目前尚处在愈合道路初期的你，并没有足够的能力以及意愿去承受原生家庭的再次伤害，或者，真我告诉你，向施与严重原生家庭之伤的父母表达伤痛和愤怒，很可能会威胁到你目前的身心安全，那么，你应该怎么办？

在这样的情况下，我们可以通过象征性的方式，向父母表达内心的伤痛。比如，我们可以给父母各写一封信，却并不真的寄给他们；我们可以烧掉、撕毁让自己回想起原生家庭之伤的物件；我们可以和信任的朋友，或者心理咨询师模拟表达自己对原生家庭的情感和想法，等等。既然我们向父母倾吐内心伤痛最终是为了自己的愈合，而不是为了父母的转变，那么我们不一定要逼迫自己向父母袒露内心最真实、最脆弱的那一部分。尤其当父母还没有完全赢得真我的信任时，我们有权利拒绝父母加入我们的自我愈合之路。这并不是胆小或者懦弱，而是我们在了解自己、了解父母的基础上，在理智地权衡利弊之后，我们选择了保护自己。

然而，用象征性的手法向父母表达内心的伤痛，可能意味着今后我们和父母之间将永远隔着这堵原生家庭之伤的高墙，我们确实不可能拥有更加"真实的"亲子关系。但是，这并不是我们的过错，也不完全是我们父母的过错，是世代相传的创伤电量导致了父母和我们错失了原本应当真诚、亲密、相互尊重的亲子关系。

练习2：给父母写一封信

给施与原生家庭之伤的父亲和母亲，分别写一封信。

在这封信里，让你的情感和思维自然地流露。你可以写你曾经遭受了哪些原生家庭之伤，这些原生家庭之伤给过去的你带来了什么样的影响，给如今的你带来了什么样的阴影。也许，在信中你也想让父母知道，真实的你是什么样子的，你对原生家庭之伤以及对父母的真实情感是什么样的，你一直以来所期待的亲子关系、原生家庭又是什么样的……

最重要的是，在这封信里，你不必去控制自己的情绪，也不必为父母辩解。因为这封信不是给父母的，而是给你自己的。

当你完成了这封信后，把这信放在信封里，等待两到三天之后，再决定是不是要把这封信寄给父母。

无论你寄不寄出这封信，你都完成了写这封信最大的价值。那就是给自己提供了一个安全空间，让你能够诚实地面对内心的感受和想法，并且直白地倾吐这些积压已久的伤痛。

重新定义"原谅"

"父亲的殴打和辱骂曾是我童年时代无法抹去的噩梦,我的内心对他有无尽的愤怒、憎恨和厌恶。我曾经想过,这辈子我都不可能原谅他。"朋友小林告诉我,"但是渐渐地我发现,如果不能原谅父亲,我内心中的一个角落就将永远被这原生家庭之伤所束缚。而这种束缚,让我不可能真正摆脱原生家庭之伤的阴影,开启属于自己的新生活。因此,为了内心的平静与全身心的愈合,我开始尝试原谅父亲。"

无论是否选择和父母继续相处下去,经历过原生家庭之伤的成年子女都会面临这样一个问题:我们应该原谅父母吗?

朋友小林的感悟代表了许多愈合之路上"过来人"对该问题的想法。在临床工作中,许多已经顺利走在愈合之路上的来访者告诉我,原谅父母,是他们能够最终走出原生家庭之伤的阴霾,获得内心宁静的关键因素。

在实证研究中,心理学家们也发现了原谅对于愈合创伤的关键性作用,其中最著名的是美国心理学教授弗雷德·拉斯金博士(Dr. Fred Luskin)在斯坦福大学开展的"原谅计划"(Forgiveness Project)。在十年间,拉斯金博士和他的学生们向战争中失去子女的父母、遭受童年性虐待或者肢体虐待的受害者、在职场上遭遇过危机的金融人士等一万多人提供了"原谅训练"。结果,他们惊喜地发现,原谅可以有效地帮助人们应对各种各样的心理痛苦体验,大部分被研究者表示,原谅既让他们能够勇敢直面所遭受的创伤,又不会让他们感到被困在了"受害者"状态中,原谅给了他们走出阴霾、开启新生的希望。

"原谅父母,难道是要我和父母握手言和,把我过去承受的苦痛一笔勾销吗?"

这是许多来访者第一次听到"原谅父母"的普遍反应。在这里,我想要重新定义"原谅"。**在心理学上,原谅指的是当我们在生活中无法获得想要的东西时,我们不再执着于得不到的苦涩感受,而是以平和的心态面对现实,接纳生活。**

因此,原谅父母指的是,我们不再记恨和抱怨父母对我们施加的原生家庭之伤,也不再苦苦思索如何"以其人之道,还治其人之身"。我们承认和接纳原生家庭之伤,但是我们对这些伤害不再有充满敌意的情感反应。与其在心里一遍遍咀嚼过去的痛苦,我们认为活在当下、畅想未来更为重要。我们不想因为沉浸在过去的伤痛中,而错失了当下身旁的美好和善良。

然而,原谅不是和解,我们不需要与父母握手言和,也不需要认同他们的行为;原谅也不是否认,我们始终勇敢直面原生家庭之伤;原谅更不是纵容,我们需要继续保护自己远离原生家庭之伤。我们知道,过上健康、幸福、愉快的生活,是对原生家庭之伤的最好"报复"——我们用实际行动向原生家庭之伤证明,我们并不受它的掌控。

每当想起父母,想起原生家庭之伤的时候,原谅的感受就像法国哲学家帕斯卡(Pascal)说的那样,"理解就是原谅"。因为理解父母身上背负着个人、家庭和时代的创伤烙印,因为理解父母内心中除了创伤电量没有其他可以给予我们的了,也因为理解父母的生活环境中没有提供自我成长的空间和机会,我们能够原谅父母。

原谅不仅为我们提供了一种关怀和理解的角度来看待父母,也提醒我们要用同样关怀和理解的角度来看待自己。美国"自我关怀"理论创始人,得州大学奥斯汀分校心理学教授克里斯汀·聂夫和她的同事在研究中发现,越不能够原谅他人的人,也越不能原谅自己犯下的错误;而越关爱自己的人,越能够原谅他人的过失。克里斯汀·聂夫和她的团队进一步发现,不能够原谅他人的人,常常执着于错误行为本身,而忽略了导致错误行为的各种因素。因此,当自己犯错的时候,这些人常常沉浸在后悔与懊恼之中,却忘记了去理解和探究自己犯错的原因。然而,能够原谅他人的人,明白将任何一件错事完全归罪到一个人的身上是不可能的。因此,当这些人自己犯了错误的时候,他们也能够理解和宽恕自己的行为,让自己继续沐浴在内心爱与滋养的力量中。

在泥泞的成长道路中,在毒性羞耻感的影响下,我们一定也做过许多令自己后悔的事情，一定也在有意或者无意中伤害过自己，甚至伤害过他人。同样地，"理解就是原谅"——这条准则也可以应用在我们自己身上。因为理解我们身上也背负着个人、家庭和时代的创伤烙印，因为理解毒性羞耻感对自己的影响，因为理解每个人都是不完美的，我们也可以把对父母的原谅延展到自己身上。我们开始明白，痛苦和煎熬，错误和伤害，都是人性中不可避免的瑕疵。

如何与原生家庭平等相处

也许，在经过深思熟虑之后，我们中的一部分人意识到自己有足够的力量和施与原生家庭之伤的父母继续相处下去。此时，我们便会发现，建立清晰而健康的边界是成年子女与父母的相处之道。边界帮助我们在保护自己的基础上，与父母维持平等、和谐、健康的相处之道。

同时，我们也会发现，在与父母的相处中建立边界，并不是一件容易的事情。建立边界，意味着有时我们需要对父母说"不"，有时我们需要接受父母对我们说"不"；意味着我们可能会在与父母的相处中，经历亲密、失望、悲伤、疏远、调整、重新相处等变化和波折；意味着我们需要接受和父母之间的亲子关系很有可能并不会像自己所想象的那样发展。

边界，自我意识的开始

边界，在传统的中国文化里是一个比较陌生的概念。在20世纪五六十年代，中国社会的普遍意识是，越是你我不分，越是显得亲热和关切。然而，随着中国家庭经济水平的提升，边界模糊导致的"被迫分享"渐渐地不只是一顿饭、一件衣服这样简单，"彼此不分"的可能是一笔数额不小的钱、一个关乎人生大事的决定，等等。有时候朋友之间虽然嘴上不说，但心里在偷偷地计较："今天他又占了我的便宜。"于是，就出现了越是你我不分，越是在彼此心中结下了梁子的情况。从长远来看，模糊的边界反而造成了人际关系中的障碍。

中国家庭中的亲子关系也是如此。父母体贴入微的关系和照料，对于年幼的子女来说是幸福，对于已经成年的子女来说却是负担。就像第3章中来访者琳达的感受一样："妈妈无微不至的关心和照顾，从我的幸运变成了我的紧箍咒。如今我已经快30岁了，却迟迟没有办法过上独立自主的生活。"中国父母不分彼此的舐犊之情，反而成了子女长期人生发展道路上的绊脚石。

正如中国的社会意识在不断地发展，子女的个人成长需求也在不断地变化着。通过阅读前几章的内容我们不难发现，幼年时我们需要的是父母全方位的爱与滋养来呵护成长，而成年后我们更需要的是空间和机会来发展独立的自我意识。这种成长需求的变化在心理学上被称为**自我分化**。**自我分化指的是我们在认知和情感上把自己从集体、家庭和他人中分离出来，意识到自己是独立于他人之外的存在，并且感知到自己作为个体的价值**。只有经历了完整的自我分化过程，我们才能够真正理解自我和他人的区别，有能力辨析主观和客观的不同，同时掌握理性和感性的思维方式。自我分化，对于我们是否能够成长为一个现代社会所需要的、独立自主的成年人起着至关重要的作用。

自我分化的过程常常发生在青春期。许多人可能都有过类似的经历：十几岁的时候，我们把日记本上锁，防止其他人偷看；我们常常关上卧室的门，不希望父母随意进入；我们有很多自己的主意，不愿意随便和他人分享心事……这一切行为和心理上的转变，都是典型的自我分化过程：我们的心中出现了"自我"和"私人"的概念，我们开始意识到自我和其他人是有本质区别的，我们明白哪些是属于自己的，哪些是属于他人的。

边界，就是我们在进行自我分化的过程中，逐渐建立起来的我们与他人之间一道隐形的栅栏，给我们提供了与他人相处时的准则和界限。通常，我们有物理边界，也有心理边界。物理边界规定了日常生活中什么东西是属于我们的，在未经我们许可的情况下，别人不能够随意地侵犯或者使用，例如我们的身体、我们的财物。心理边界指的是我们有独立于他人的情绪和思想，以及不依附于他人的权利和价值。显然，心理边界的概念比物理边界更抽象，在生活中也更加难以执行。

在原生家庭之伤中长大的我们，青春期的自我分化过程可能充满了阻力。正如第 3 章所说，由于父母自身的局限性，他们很可能把青春期子女的自我分化这一正常的心理过程误解为对自己的攻击和藐视，从而对子女的自我分化过程进行打压。所造成的结果就是，我们中的许多人尽管已经度过了青春期，但其实并没清楚地意识到哪些是属于自己的，哪些是属于他人的，因此，我们对于"我和他人的边界在哪里"缺乏足够的敏感和坚定。成年后在和父母的相处之中，我们也很难清楚地意识到自己能够接受哪些对待，不能够接受哪些对待，不知道该怎样在尊重父母的基础上，保护好自己。

而另一方面，边界感模糊的我们也很难真正地去理解父母的情感和需求。我们常常觉得父母的生活方式很落后，父母跟我们交流的办法简单又粗暴，父母总是不思进取，落在了时代潮流之后……因此，我们要试图改变父母、教育父母，甚至惩罚父母。而这些看似"为父母好"的行为，其实也都是我们自己缺乏边界感的体现。

所以，如果我们希望与父母以平等、和谐、健康的方式继续相处下去，我们首先要在自我愈合之路中完成青春期中未能完成的自我分化过程，培养起自身清晰而健康的边界感。这样我们才能在与父母的相处中明确建立起边界，在既理解我们自己也理解父母的基础上，通过交流和妥协，找到相处中双方情感和需求的平衡点。

探索与原生家庭的边界

与父母建立边界的第一步，是我们清楚地明白自己的边界在哪里。上文中提到，在原生家庭之伤中长大的我们，可能并没有机会充分探索自己的边界，更没有空间来摸索亲子之间的边界。然而，在生活中和情感上都离开了原生家庭之后，我们便为自己创造了重新发掘、规划和设立自我边界的空间与自由。

我们可以把个人生活的空间分为四个部分：**私密空间、个人空间、社交空间和公共空间**（见图 5-1）。我们把最隐私、最保密、最宝贵的东西存放于私密空间中，比如身体的私密地带、内心深处的情感和想法等。即便是亲密伴侣，也需要在完全赢得我们的信赖后，才能够踏进这私密空间。个人空间中存放的是我们可以和值得信赖的家人、朋友分享的东西，比如亲吻、拥抱等亲昵的身体接触，一些心事和想法等。社交空间中存放的是我们可以在日常社交中与同事、熟人分享的东西，比如握手、击掌等身体接触，合乎社交礼仪的个人观点等。最后，在公共空间中存放的是我们可以和任何人分享的东西。

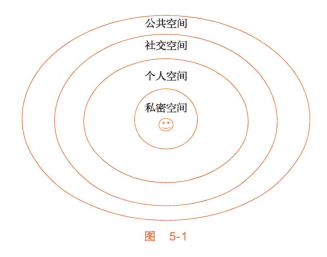

图 5-1

同时，我们也可以把生活中所遇到的人按照与自己亲疏远近的关系进行划分，放到这四个空间中。比如，有人把办公室的同事放到社交空间中，把一起长大的好朋友放到个人空间中，把亲密伴侣处放到私密空间中……这样的划分真实地体现了我们对于生活中各种人际关系的理解和期待。

此时，我们就会发现，每个空间中存放的东西不一样，存在的人也不一样，空间与空间之间都有"界限"的存在。如果有人明明处在我们的社交空间，却未经许可地逾越至我们的个人空间，要求我们与其分享个人空间中的东西，例如，逢年过节时不熟悉的亲戚想要打探我们的收入、婚姻状况等，我们一定会感到极大的不适、反感和愤怒，这就是我们边界被逾越的信号。我们会忍不住想要抱怨，想要反击，想要躲避，这便是真我在向我们传递警报：有人越过了边界，我们必须要采取行动让他（她）退回到原本所处的空间中，这样才能够保护好自己存放在不同空间中的东西。

我们与父母的相处也一样。我们首先需要决定，父母应当被放到哪个空间中。这个决定主要取决于我们想要和父母保持什么样的关系。许多人选择把父母放于个人空间中，但也有不少人把父母放于社交空间甚至公共空间中。然后，我们应当问问自己，我可以与处在该空间中的父母分享些什么，又不可以与他们分享些什么。这样，我们就能够顺藤摸瓜地找到自己与父母相处中的边界了。

学会对父母说"不"

当我们找到了与父母的边界之后，告诉父母该边界的存在是建立边界最重要的一步。边界是一种个性化的概念，每个人对于自己和他人之间边界的理解都不同。如果我们不向父母明确地表述自己的边界在哪里，那他们一定无法知晓，更无法尊重我们的边界。

那么，怎样向父母表述我们的边界呢？

我们当然可以找一个适当的机会，和父母心平气和地坐下来探讨亲子之间的边界。但是，这样理性对话的机会，在中国的家庭环境中少之又少，在充斥着原生家庭之伤的中国家庭环境中就更为罕见了。更多的时候，我们唯一能够向父母表述亲子边界的机会，就是在父母逾越了边界之后，我们及时并且坚定地告诉他们"你越界了"。

以下两种方法可以帮助我们为父母指出他们的越界之举。

第一，是在父母越界之后，直接对他们说"不"——"不，我不愿意""不，我不想这样做""不，我不同意你这么做"。

我们可以在直截了当地拒绝了父母的越界行为之后，加上一两句解释的话。但是，我们并不是必须要这么做。向他人明确地表述自己的边界，是每个人生来就有的权利。我们不需要向任何人解释、证明这样的权利，更不需要通过撒谎、敷衍来捍卫这样的权利，一个坚定的"不"字足矣。

第二，是在父母越界之后，理解性地拒绝父母的行为——这包含了我们充满同理心地看待父母的行为，理解父母行为背后的初衷，但是仍然果断而坚定地向他们说"不"。 在与父母的相处中，绝大多数的成年子女会选择这一种方式。因为这种表达方式既体现了我们对于父母的尊重和理解，也强调了我们对自我边界的捍卫。

首先，我们应当表达对父母越界行为和初衷的理解。这不单单只是我们嘴上说一句"我理解你"，而是我们真正地把自己放到父母的位置上，体会父母正在承受的创伤电量，感受父母面对子女日渐独立的焦虑感，设身处地地为父母提供理解和支持。接着，在充分表达了对父母的理解之后，我们果断而坚定地拒绝了他们的越界行为——说"不"。我们当然可以在拒绝之后向父母做出解释，甚至，如果愿意，我们也可以与父母商量着做出一些心甘情愿的妥协。但是同样地，我们并不是必须要这么做。

来访者小陈是来自小城市的年轻人，毕业后决定留在大都市里打拼，父母却一直希望他能回到老家，过上安逸稳定的生活。为此，父母经常打电话给小陈，用哭诉、痛斥等方式，劝说小陈回家。

某次，母亲又哭着给小陈打电话："爸妈帮你把车子房子都买好了，你回来不好吗？"

此时，小陈对母亲说："我很感谢你们为我准备好了一切，我知道你们很想念我，我也很想念你们（表达理解）。但是，我不想回老家工作（果断而坚定地拒绝越界行为）。因为大城市对我的事业发展更有帮助，我还年轻，还想在广大的天地中闯一闯，不想此生留有遗憾（做出解释）。我会常常打电话告诉你们我的近况，每半年回来看你们一次，你们觉得这样好不好（做出一些心甘情愿的妥协）？"

需要记住的是，在拒绝父母越界行为的时候，重心应当放在我们自己身上，而不是放到父母身上。我们可以说"不，我不愿意"，却不必要说"不，你不应该"，因为父母没有义务必须尊重我们的边界，然而我们却有义务必须捍卫自己的边界。

此外，当向父母表达了自己的边界之后，我们的行为举止必须按照所表达的边界来执行。如果我们在事后因为感到内疚和压力，转身又去向父母道歉，或者又去向父母承诺了更多自己并不心甘情愿的妥协，那我们与父母建立边界的过程就是失败的。我们没有向父母传达清晰、明了的边界信息，也没有保护好自己的边界。不但我们会感到很沮丧和挫败，父母也会感到迷茫和困惑，不知道到底该怎样与我们相处。

第一次与父母建立边界的时候，我们一定会感到非常焦虑、害怕和内疚。这是因为建立边界无论是对我们，还是对父母来说，都是一个很陌生的过程。建立边界和其他任何自我愈合之路上会遇到的挑战一样，都需要我们的勇敢尝试和经验累积。然而，我们也知道，建立边界的过程虽然充满挑战性，但是为了能与父母以平等、尊重和健康的方式相处下去，这是我们不得不做的事情。

如何与固执的父母相处

小陈只尝试了一次和父母建立边界的技巧，就又垂头丧气地回到了咨询室里。"我试过了，没用！爸妈完全听不见我说的'不'字，还是继续电话骚扰我。"小陈郁闷地说。

小陈遇到的挫败也是十分常见的情况。正如前文所说，施与原生家庭之伤的父母由于各种局限性，不一定能够理解或者接受亲子之间这道隐形"栅栏"的存在。即便听到了"不"字，这些父母可能依然认为自己可以通过情感敲诈、过度控制，甚至言语攻击等方式，来迫使子女"听话"，因为这是他们已经习以为常的亲子相处方式。

因此，在向施与原生家庭之伤的父母表述自己的边界前，我们应当在心里有所准备：父母可能并不会尊重我们的边界，也可能会采取一些操控手段让我们感到内疚或感到愚蠢，迫使我们放弃边界，同意他们的越界行为。

面对这样的父母，我们可以采取**"复读机"**技巧。无论父母如何施压，如何软磨硬泡，我们始终重复着"不"字。父母一次又一次地越界，我们就一次又一次坚定地拒绝他们的越界行为。在自我愈合之路上发掘到的内心力量，以及寻找到的自我安抚方法，能够帮助我们在咄咄逼人的父母面前，始终保持沉着和冷静的心态。

我们明白，父母可能永远都不会真正尊重和理解我们的边界。但是，通过"复读机"技巧，我们会越来越熟悉建立边界的过程，也会越来越清楚地认识到，自己的原则和底线是他人不可动摇的。父母的不尊重、不理解，不是我们放弃边界的理由，因为同样是成年人，我们并不需要为父母的情绪和想法负责，父母的人生也不应当依附着我们而存在。如果为了照顾父母的感受而改变了自己的原则，我们其实正是在侵犯父母的边界，以实际行动向他们证实"你的感受由我来承担"。长此以往，我们将永远也无法真正地从情感上离开原生家庭。因此，和父母建立边界，既是为了我们能够与父母平等、相互尊重地相处下去，更是为了我们个人能够健康、独立地成长起来。

此外，与父母建立边界，从长远来看，也是在保护我们与父母的亲子关系。我们可以试想一下，如果来访者小陈在父母的软硬兼施下回到了老家，放弃了自己在事业上的追求和理想，今后，若是小陈在老家的工作中遭到了不顺，或者，若是小陈发现当年留在大城市打拼的朋友们都事业小有所成，他是否还能够心平气和地看待父母当初逼迫他回老家的越界行为？他会不会对父母更加抱有怨言，甚至把个人生活中的诸多不幸都归咎到父母身上？有了这样的心结之后，他和父母的关系，还能够平等、和谐地维持下去吗？

在现实生活中，成千上万因为"听父母话"而导致的家庭矛盾告诉我们，这样的想法并不是杞人忧天。太多的成年子女以"孝顺"为名放弃了自己的边界，盲目地纵容父母的越界行为，既导致个人生活中的诸多不幸，也为以后与父母的相处埋下了隐患。

为何与父母建立边界很难

"通过一年多以来的愈合，我对自己的边界有了更加清晰的认识。在和同事、朋友的相处中，我都能够很好地保持自己的边界，尊重他人的边界。然而，一旦和父母相处，我就感到自己的边界瞬间'软化'了，又回到了模糊的状态中，这到底是为什么呢？"小陈很困惑。一方面，他十分清楚父母在用情感敲诈的方式过度控制自己的生活；另一方面，他又感到自己很难对父母说"不"。

感到难以与父母建立边界的人不止小陈一个，我的许多来访者以及身边的朋友都有类似的体会。尤其是经历过原生家庭之伤的子女反而更加容易顺应着父母的想法而忽略自己的需求。这是为什么呢？

据我观察，成年子女与父母建立边界的困难主要源于以下三大原因。

首先，在充满伤害的原生家庭中长大，我们从未真正体验过健康的边界，我们的认知中缺少了健康的亲子边界这一概念。不健全家庭的一大特征，就是边界的模糊性。比如，在身体之伤和性之伤中，父母曾跨越了我们的身体边界；在言语之伤和情感之伤中，父母又曾无视我们的情感边界。成长在这样的家庭中，我们自然地对边界的概念感到茫然和不知所措。我们不知道个人的身体是值得被保护和珍视的，也不知道个人的情感是如此的宝贵和重要，即便是生身父母也没有权利伤害和侵犯我们。

虽然在原生家庭中未能体验健康的边界，但在成年之后，我们可以有意识地让自己去向他人讨教和学习边界的概念。比如，我们可以仔细观察身边健全家庭中亲子之间的相处模式，来感悟健康的亲子边界是什么样子的。我们也可以通过阅读书籍，询问信赖的朋友以及心理咨询师，来获得关于健康亲子边界的知识。

事实上，我们与父母的边界也可能确实不同于我们与他人的边界。面对父母，我们可能容易心软，也可能容易妥协,因此我们与父母的边界也会相对来说更加松懈一些。然而,这并不代表我们与父母之间的边界就一定是模糊的。我们必须明白哪些是可以与父母商量、妥协的不同意见,哪些是无论如何都不可能让步的原则性问题,比如我们的事业、婚姻、健康、育儿等人生大事。

其次,我们常常认为与父母建立边界会伤害到父母,因此于心不忍。然而事实上,我们与父母建立边界既是出于对自己的爱,也是出于对父母的爱。因为,在相处中未能与父母建立边界的结果是,作为子女的我们常常感到别无选择,只有不断地去适应父母的要求,却无法实现自己内心真正所求;而另一方面,父母也同样地感到别无选择,总是要为我们操心和着急,而忽略了自身的需求和感受。与父母建立边界,其实是帮助父母松一口气,从照顾者的位置上"退休",重新做回他们自己。清晰的边界能够促使父母看到,除了子女的生活之外,父母的人生中还有很多值得去关注和享受的方面。所以,从一定程度上来说,与父母建立清晰而健康的边界,不仅不是在伤害父母,反而是子女在用更加相互尊重、更加合理的方式来孝顺父母。

最后,我们知道与父母建立边界的结果是自己很可能会遭到父母的排斥和疏远,然而在潜意识中,我们依然渴望着父母的爱和肯定。这一点,许多经历过原生家庭之伤的成年子女很不愿意承认,因为我们会为了自己依然对父母抱有幻想和渴望而感到羞耻和自责。无法正视这种渴望造成的结果是，我们会情不自禁地被这种渴望牵引，亲手拆毁与父母之间那道隐形的栅栏。

其实，对父母爱和肯定的渴望出自于人类本能，我们完全不必为自己的本性遮掩。只有在正视自己的渴望之后，我们才能看清楚现实：无论是否与父母建立边界，由于父母自身的局限性，他们极有可能根本没有能力给予我们渴望的爱与肯定——这是我们凭一己之力不可能弥补的遗憾。

然而，作为一名独立自主的成年人，我们并不需要父母的爱和肯定才能过上自己真正想要过的生活，却需要亲子之间清晰而健康的边界来保护自己不再被原生家庭之伤所伤害，以及给自己更宽广、更自由的成长和愈合空间。如果父母因为建立的边界而排斥和疏远我们，那么我们也只能遗憾地接受他们的局限性。真正重要的是，在自我内心中找到爱与肯定，这才是我们幸福生活的源泉。

走出"毒性"亲子关系

当亲子相处中长期缺乏应有的边界，就会形成毒性亲子关系——共依赖亲子关系。它的"毒性"不仅会严重损伤子女和父母的身心健康，而且会严重干扰子女和父母的其他人际关系，阻碍个人和整个家庭的正常发展，使得子女和父母都沉浸在它的"毒液"中不能自拔。

在第 3 章中，我们了解到，共依赖关系指的是一个人需要得到另一个人的肯定和依赖，才能找到自己的价值和自我意识。**在亲子关系中，共依赖关系体现为父母把自己所有的情感、价值和希望都寄托在子女身上，只有感受到子女对自己的依赖，父母才能获得价值感和满足感；而子女不仅在生活上依靠着父母的照料和庇护，在精神上也依恋着父母的认可和亲近。**

从子女的孩童时代开始，毒性亲子关系中的父母就没有承担起作为家长的责任和义务，而是把孩子当成了自己的"好朋友"。当孩子心智还未发育成熟时，父母就与其分享自己的私密之事，例如婚姻的挫折、事业的烦恼、生活的艰辛等，希望从孩子身上获得应该是配偶给予的安慰和支持。久而久之，孩子成了父母的"代理配偶"。父母的做法，迫使孩子跨越亲子之间的边界，担负超越自身身心发展能力的家庭责任和家庭权力，例如孩子为父母的婚姻出谋划策，孩子成了家庭经济来源之一，孩子代替父母完成梦想，等等。

在心理学上，这样的现象称为**子女的亲职化**，即父母与孩子的角色发生颠倒，孩子承担了父母的家庭职责。这样的父母也常常是自恋的，在潜意识中，他们认为子女应当为父母的幸福负责，而不是父母应当为子女的成长负责。因此，他们也会介入子女生活的方方面面，要求子女与自己分享同等私密之事，阻碍子女的自我分化过程，不允许他（她）成长为与自己分离的、独立的个体。这样亲密无间的相处，在子女成年之后依然会习惯性地维持下去，父母与子女逐渐融合成为了一个不分彼此的"共同体",不仅父母习惯性地跨越子女的边界,子女也习惯性地跨越父母的边界。

在中国传统孝顺文化的掩盖下,共依赖亲子关系的"毒性"极具隐蔽性。在外人看来,父母和蔼可亲,子女懂事孝顺,仿佛其乐融融,甚至连身处其中的成年子女,也未必能够立刻感到它的"毒性"。

然而,共依赖亲子关系中父母与子女紧密结合、相互依附的特征,让它注定不能够与其他任何人际关系并存。从幼年到成年,这些子女的主要依恋对象一直是父母。当面临着离开原生家庭、组建新家庭的人生阶段时,他们往往会感到自己没有办法再与其他人(例如朋友、婚恋伴侣,甚至自己的孩子)建立起健康的、亲密的、相互信赖的人际关系。

常常被网友口诛笔伐的"妈宝男"就是典型的处在共依赖亲子关系中的儿子。"妈宝男"指的是那些已经成年却事事听从妈妈的安排,缺乏主见和责任感的男人。在"妈宝男"的原生家庭中,常常缺失了"父亲"这一角色,例如父母离异的单亲家庭,或父亲忙于工作、无暇顾及家庭,或父亲与母亲关系长期不睦。长期失去了伴侣支持的母亲,只能在生活中和精神上完全依赖儿子;同时,儿子也习惯于牺牲自己的感受和需求,来换得母亲的呵护。在长期生活的重压下,儿子与母亲的相互依恋越来越紧密黏稠,任何可能与之比肩的情感都会被他们在潜意识中视作威胁。在如此"毒性"的影响下，儿子很难再与他人建立起新的依恋感受，更缺乏处理其他亲密关系的能力和意愿。

尽管这些父母和子女都在情不自禁地保护、维系着毒性亲子关系，它却注定走向畸形、异常，直到最终崩塌。这是因为，亲子关系的"毒性"会不断侵蚀着父母与子女的健康自尊心，造成父母极端自恋、子女极端自卑，或者子女极端自恋、父母极端自卑的心理异常状态，产生了严重偏离现实的认知。在现代竞争激烈的社会环境中，父母以及子女必定处处碰壁，最终失去了能够继续保护和维系亲子关系的能力。比如，子女无法立足于世，成为"啃老一族"，在父母最需要照料的时候，反而没有心理或者经济能力来照顾父母。

在本章中，我们讲到了成年离家的重要性。如果你认为自己不可能做到在生活上和精神上都离开原生家庭，因为你，或父母，或你和父母的生活都会因为你的离开而分崩离析，那么很有可能，你现在正处于毒性亲子关系中。事实上，没有任何一个成年人，需要依赖着另一个成年人才能生活。你心中的担忧和恐慌，其实是共依赖亲子关系的"毒液"。

意识到自己正处于共依赖关系中，是改善毒性亲子关系的第一步，也是最重要的一步。因为在意识到之后，你便可以运用上文与父母设立边界的办法，逐步重新树立起这道隐形的栅栏。同时，你也需要明白，在亲子之间长期缺乏边界的情况下，你与父母建立边界的过程，可能会比旁人更痛苦一些。然而，这一切都是值得的。边界的设立，能够帮助你找回自己的生活、感受与需求，重塑健康的自尊心，也为你打开了与他人建立亲密感的大门。同时，在与父母分离之后，你会更加理解父母的不易与不幸，也能够用更健康的、更可持续的方式来帮助他们。

如何与父母进行有效沟通

对于许多人来说，亲子之间的关系是人生中非常重要的人际关系。因此，相当一部分遭受过原生家庭之伤的成年子女，经过了一定的自我愈合，也会期待着与父母重新建立起有效的沟通，让亲子之间的相处变得更加愉快和自然。

我很理解这些子女的期待，有效的沟通能够帮助我们和父母更好地了解彼此，的确是亲子相处中的黏合剂。然而，我也在咨询工作和生活中意识到，亲子间的有效沟通很多时候不由得我们自己决定。在亲子相处中，建立边界是我们单方面的责任，而沟通则需要我们和父母的共同参与。有效的亲子沟通不仅需要我们能够积极地表达自己，也需要父母能够积极地回应我们，更需要亲子之间平等、相互尊重的关系作为沟通的前提。所以，进行有效沟通是比建立边界更深一层次的亲子相处模式。

由此可见，子女与父母的有效沟通不一定能够在所有的亲子关系中实现。尤其是施与原生家庭之伤的父母，在毒性羞耻感的影响下，他们可能并不愿意平等、尊重地看待我们，或者并不能够理性、积极地参与沟通。这时，我们只能尽量尝试与父母交流，来实现自我表达的需求。然而，我们的尝试不一定能够获得父母的积极回应。这并不是我们的错，也不全是父母的错，是威力十足的创伤电量阻止了我们与父母更进一步地相处。在父母没有办法改变自身的情况下，有些时候，我们和父母的相处只能遗憾地停滞在建立边界的层面上，没有办法真正进行情感上和思想上的有效沟通。

跨越亲子沟通中的代沟

来访者麦琪在美国生活、工作多年，而她的父母一直在国内。近几年来，麦琪发现自己越来越难以与父母沟通了，主要矛盾的焦点集中在麦琪的婚恋生活上。每每与父母视频通话，他们总会提起麦琪已经年过30，却依然单身这件事情。好在麦琪已经与父母建立起了良好的边界，父母虽然忍不住抱怨几句，但是也并不会用言语伤害或者逼迫她。只是一谈起这件事，麦琪和父母总是情不自禁地争辩起来，各不相让。

"我父母受到传统观念的影响，认为女孩子30多岁不嫁人就永远嫁不出去了。我却觉得年轻女性不必着急结婚，我身边的女性朋友，30多岁还未婚根本不是什么新鲜事，40多岁事业稳定下来之后才结婚的也大有人在。父母的观点太老套了，我想跟他们沟通都没有办法！"咨询室中，麦琪向我无奈地倾诉。

麦琪的事例体现了成年子女与父母沟通中的典型障碍——观点的矛盾。成年离家之后，我们和父母的生活环境、人生经历越来越不同。自然而然地，我们与父母看待事物的角度和方法也相差得越来越多。在不少问题上，我们的观点与父母的观点放到各自生活的环境中都是正确的，然而摆在一起来看却是相互矛盾的。这就是所谓的"代沟"。

在亲子沟通中，光靠争执谁的观点更加正确，是无法帮助我们和父母跨越代沟的。不同的生活环境和人生经历塑造了我们和父母如今相互矛盾的观点，三言两语之间，我们和父母都不可能轻易转变自己的观点。因此，如果我们的目标只是说服父母，那么，就算我们和父母彼此尊重，并且积极回应对方，也必将陷入谁也说服不了谁的僵局。

事实上，在与父母沟通时，观点的孰是孰非往往是最不重要的。归根到底，我们想与父母有效沟通的主要原因，是希望父母能够倾听、理解自己的感受和需求。亲子沟通不是紧张激烈的辩论赛，也不是尔虞我诈的商业谈判，而是联结、增强、巩固亲子关系的纽带。因此，想要和父母进行有效的沟通，我们就应当接纳父母与自己观点不同的现实，把重点放在交流彼此的感受和需求上。在沟通中，我们和父母应当是队友而不是对手，我们的目标是一致的——既努力地让对方明白自己的感受和需求，也尽可能地去理解对方的感受和需求。这样，我们和父母的沟通才能跨越代沟，在情感层面上建立起良好的联结，为亲子相处带来和谐融洽的感觉。

学会表达自我感受与需求

在任何有效的沟通中，我们都必须学会清晰明了地向他人表达自己的感受和需求。因为，和边界一样，感受和需求也是非常个性化的体现。如果我们不主动地向他人表述，那其他人一定无法知晓，更无法正面回应我们。让他人来猜测自己的感受和需求，只会为沟通带来众多不必要的误会和麻烦。

因此，在和父母进行沟通之前，我们可以首先问问自己：**"我想要表达什么样的感受？我期待父母有什么样的回应？"** 只有我们已经非常明确地知晓了自己的感受和需求，才有可能清晰地向父母表述出来。

在仔细地思考后，麦琪发现，她为父母只看到自己未婚，却看不到自己其他方面的进展而感到挫败和失望。通过与父母争执关于婚姻观点的对错，麦琪其实是在期待父母能认可和肯定自己在生活中的进展和成就，而不是总是抱怨着

自己的"不足之处"。同时,麦琪也意识到,如果父母能够正面回应她的期待,那么就算父母无法赞同她关于婚姻的观点,她也会感到和父母的沟通是愉快且轻松的。

也许,在过去我们也尝试过直截了当地告诉父母:"你让我很失望,你没有回应我的需求。"这样的方式虽然能够清楚地表达出我们的感受和需求,却包含着许多指责、归咎的意味。施与原生家庭之伤的父母,极有可能非常不喜欢我们这样直接挑战他们的言行举止,也很可能下意识地通过躲避、攻击等方式来捍卫自己作为家长的尊严。这样直白的表达很有可能会进一步堵塞亲子沟通的渠道。

因此,我们表达的重点应当放在自己的感受与需求上,而不是放在父母的言行举止上。我们可以说:**"当你做了……(对方的具体行为)的时候,我感到……(我的感受)。这是因为……(我的需求)。我希望你以后……(我的请求)。"**

这样的表达方式称为**"我的表达式"**(I Statement),它既清楚明了地表达了我们的感受与需求,也尽量避免了归咎和指责父母的做法。在该表达式中,我们表达的内容越具体,父母就越容易理解。

在咨询室中,麦琪练习了一下"我的表达式":"爸爸妈妈,当你们抱怨我还是单身的时候,我感到很失望、很挫败。这是因为我一直期待获得你们的认可和肯定,而不是你们的焦虑和担忧。我希望你们以后不要再抱怨我还没有结婚这件事，耐心地倾听我其他方面的生活状况，并且认可和肯定我生活中的进展和成就，这样我会感到和你们的沟通更加愉快和轻松，我也更愿意和你们交流情感和想法。"麦琪感到，这样的表达式帮助她说出了心中的感受和需求，也向父母提出了具体的建议，增加了麦琪在沟通中与父母交流、合作、妥协的可能性。

果然，在下一次的咨询中麦琪兴奋地告诉我，通过使用"我的表达式"，她说出了积压在心底许久的话，且没有与父母再起争执。麦琪与父母初步搭建起了有效的沟通。

在沟通中理解父母

既然有效沟通的初衷是我们与父母能够彼此理解、融洽相处，那么，在表明了自己之后，我们也应当学会去理解父母的感受与需求。

我们可以主动询问父母，他们在沟通中的感受和需求是什么。然而，父母可能并不像我们那样已经明确知道了自己的感受和需求。因此，我们应当认真倾听父母的回答，用自己的语言总结和梳理父母的表达，并与他们确认自己的理解是否正确。

在了解父母的真实感受和需求后，我们可以仔细想想看，自己的需求和父母的需求真的这么水火不相容吗？如果可以各自妥协一步，我们和父母是不是能够找到平衡彼此需求的"双赢"局面？

在之后的视频通话中，父母忍不住又提起了麦琪未婚的事情。麦琪深吸一口气，尽量不让情绪影响到自己与父母的沟通。

用"我的表达式"表明了自己的感受和需求之后，麦琪问父母："那么，你们的感受又是什么呢？你们希望我如何回应？"

父母回答道："我们只是为你感到着急，你一个人在外我们很牵挂，又不知道该怎么帮忙。如果你有了伴儿，我们也就能放心一点。"

麦琪想了想，总结道："那么，你们的感受是牵挂，同时也为不知道该怎么帮忙而感到着急。你们希望看到我有个伴儿，这样自己也安心了。是这样吗？"

麦琪的父母点头表示同意。

此时，麦琪发现，她和父母的需求是可以相互平衡的。因为，麦琪需要父母的认可和肯定，在精神上为自己"帮忙"，这正好给了父母的牵挂和关心一个"用武之地"。同时，麦琪也发现，作为妥协，自己可以做到经常和父母通话，汇报生活状况，来减轻父母的思念之情。但是，麦琪也需要父母做出妥协，那就是尽量减少抱怨的次数，以减轻她的失望和挫败感。

麦琪把这些平衡双方需求的方式一一告诉了父母。听到了麦琪冷静、理性的思考后，父母表示，自己很愿意为她提供精神上的帮助，时常认可和肯定她的进展与成就，也会尽力在沟通中妥协，减少抱怨她的次数。

最后，不能忘记的是，在有效的亲子沟通中，我们仍然需要强调自己的边界。亲子之间的边界是我们心灵花园的栅栏，需要时常维护、检修，才不会被情感、思绪、言语和行为冲垮、推后或者软化。

麦琪也向父母表明，自己是不会在压力之下草率地找个对象匆忙结婚的。因为，这样的婚姻既是对自己人生的不负责，也辜负了父母的牵挂和关心。父母也表示能够理解和尊重麦琪的边界。

以下练习帮助你总结了与父母有效沟通的五大步骤。

练习3：与父母进行有效沟通

1. 了解自己的感受与需求。
2. 用"我的表达式"清楚明了地向父母表达自己的感受与需求。
3. 主动了解父母的感受与需求。
4. 积极寻找平衡双方需求的方式，做出适当妥协。
5. 强调自己的边界不可动摇。

通过观察麦琪和父母的互动，以及许多类似的亲子互动，我发现当父母在一定程度上能够接纳和理解子女边界，并且有能力和意愿回应子女的感受和需求时，亲子之间的有效沟通是十分有意义的。父母能够更多地了解子女的成长和思考，子女也能感受到父母对自己的关怀和爱护，促进亲子之间互相的理解和信任。

> **总　结** ……
>
> 　　只有离开了原生家庭，我们才能够走上创伤愈合的道路，选择最适合自己身心健康状况的方式与原生家庭相处。离开原生家庭包含两个方面：一是在生活中不再依赖原生家庭的照料，二是在情感上不再需要原生家庭的准许，缺一不可。同时，建立边界是成年子女与原生家庭和平相处的关键。边界是自我分化的产物，它规定了我们与他人相处的准则和界限。我们需要明确自己的边界，并且向父母清晰地表达它的存在。当父母在一定程度上能够接纳和理解亲子边界，并且有能力和意愿回应子女的感受和需求时，我们可以通过表达自我、理解父母、平衡双方需求的方式，达到与父母有效沟通的目标。

第 6 章

开启新的家庭成长周期

在第 3 章中，我们认识到家庭是一个不断变化和调整的动态系统，如同生命一般会成长和发展。每个成长阶段，家庭中的个人都将面临不同的任务和挑战。在生活中和情感上都离开了原生家庭、拥有了独立人生之后，我们就开启了属于自己的新家庭成长周期。同时，我们也面临着新家庭周期中下一个阶段的成长任务——与伴侣组成新的核心家庭，共同孕育下一代，推动新家庭成长周期的齿轮缓缓前进。

现代社会的文明进步和发展为人们提供了多元化的家庭成长模式。有相当一部分已离家的成年人，经过深思熟虑之后决定选择单身家庭、丁克家庭、同性伴侣家庭等其他非传统家庭的成长周期模式。这些多元化家庭面临的成长任务和挑战，与传统家庭大不相同。鉴于本书篇幅的原因，我对于多元化家庭的成长周期不做更多的讨论。但是，我十分支持家庭成长模式的多元化，每个人都是自己人生篇章独一无二的作者，任何源自于内心的选择和决定，都应该值得被尊重和理解。

结婚、生子——延续传统的家庭成长周期依然是大多数人的选择。成长于原生家庭之伤的泥沼中，我们切身体会到未能完成成长任务的家庭给伴侣和后代带来的伤害与痛苦。因此，我们不愿在属于自己的家庭成长周期中重复父母的错误，希望能与伴侣拥有亲密美满的婚姻，也希望能给子女源源不断的爱与滋养。

在本章中，我们将探讨如何改善毒性羞耻感对自身的影响，与伴侣建立健康的亲密关系。我们也将讨论如何打破创伤电量世代相传的"魔咒"，不把原生家庭的伤痛传给下一代。

建立健康的亲密关系

有句话说得好："相爱容易相处难。"与伴侣从相识到相恋，再到进入婚姻，并不是一件容易的事情。爱情常常是一种高于生活琐事的理想，一种由多巴胺、性荷尔蒙、催产素等组成的化学反应，一种充满浪漫主义色彩的激情。而亲密关系则是一种由每日实际行动累积而成的、伴侣之间的紧密联结。把浪漫多姿的爱情转化成一段健康、美满的亲密关系，需要认真的经营和持久的维护。

对于遭受过原生家庭之伤的成年子女来说，与伴侣建立并保持长期稳定的亲密关系，直至最终与伴侣一同开启新家庭成长周期，更是一场人生的大冒险。父母不幸的婚姻状态让我们的信任系统总是处在警觉状态中，毒性羞耻感让我们习惯性地隐藏真我、封闭情绪，创伤认知让我们不敢相信自己值得拥有一段愉快美好的亲密关系。

想要拥有健康的亲密关系，关键在于我们能否意识到原生家庭之伤对亲密关系的影响，并且通过自我愈合之路来改善这些影响。伴侣的配合固然重要，然而更加重要的是我们是否知道什么才是最适合自己的亲密关系状态。只有诚实地面对真我的需求，我们才可能在茫茫人海中找到真正志同道合的亲密伴侣。

放下不切实际的期待

在充满伤害的原生家庭中，我们耳濡目染了父母之间不幸的婚姻模式。这使得我们如今在面对自己的亲密关系时，怀揣着许多不切实际的期待。这些不切实际的期待为我们带来了压力和负担，使得一段亲密关系在还未成型前，就已经背负了不可能完成的任务。随着亲密关系的推进，这些期待很快就会在现实面前一一破灭。于是,我们开始感到失望、挫败、迷茫,以至于不敢再去相信自己值得拥有健康美满的亲密关系。殊不知,这些不切实际的期待,才是损伤亲密关系的源头。

不切实际的期待1:"只有和伴侣白头到老,我的人生才算完美。如果这段恋情结束了,我就有了一段失败的经历。"

这是我在生活中、心理咨询工作中最常听到的不切实际的期待。诚然,对恋爱和婚姻抱有积极的期待是一件好事。但是,这种"不成功便成仁"的心态,让我们从一开始就给恋情加上了很高的情感筹码。压力之下,我看到许多人不得不在恋情中小心翼翼、患得患失,用一种低如尘埃的姿态付出自己的爱。还有一些人明知道对方并不是真正适合自己的人,却也不愿意放手,害怕给自己的人生添上一段"失败"的经历。

这样不切实际的期待源自于创伤认知,是我们大脑中吸收和内化的原生家庭之伤。在创伤认知的影响下,当生活遇到了困难,我们的第一反应不是去安慰和鼓励自己,而是用一些消极的、残酷的自我批判之声来打压和攻击自己。比如,一想到恋情有可能结束,我们的创伤认知马上就会产生"我的人生不完美了""我有一段失败的经历了"等极端又刻薄的自我批判之声。这些自我批判带来了强烈的恐惧感和焦虑感,使得我们再也无法客观冷静地看待眼前的亲密关系。

带着这样不切实际的期待，我们很容易陷入一段糟糕的恋情中，苦苦挣扎却始终不愿放手；我们也很容易在分手之后，仍然情不自禁地挽回一段不合适，甚至不健康的恋情。很多时候，无法冷静、平和地结束一段亲密关系，并不是因为我们有多么深爱对方，而是因为极度害怕看到自己"失败"或者"不完美"的样子。

然而，从客观事实的角度上来看，结束一段不合适或者不健康的恋情，是为下一次更和谐、更健康的亲密关系奠定基础。再怎么糟糕的恋爱经历，只要我们学会及时"止损"，其实都是一次宝贵的人生历练，而不是失败的人生经历。一次出于理性考量的分手，能让人迅速成长起来，因为我们学习到了人生重要的一课——在亲密关系中，我们最需要的是什么，我们最不能接受的又是什么。

感悟自我内心中源源不断的爱与滋养能量，能够帮助我们厘清不切实际的期待与客观事实之间的区别。我们会意识到，无论与对方多么相爱，多么渴望永不分离，这一段亲密关系终究只是我们生活中的一个侧面，而不是全部，我们有比自己想象的更多的选择余地。在爱与滋养能量的感染下，我们不会因为害怕看到自己的不完美而逃避必要的抉择，也不会把亲密关系的结束"灾难化"成人生的失败。我们会更加理性地看清亲密关系的现状，也更加诚实地面对内心所求。

不切实际的期待2："在好的亲密关系中，我和伴侣应

该非常和谐默契，没有矛盾与争执。"

从小到大，我们受够了父母之间剑拔弩张带来的痛苦和伤害。和伴侣的矛盾常常激活信任系统的警报：眼前的亲密伴侣，会不会像原生家庭中的父母一样来伤害我？因此，我们希望自己的亲密关系永远和谐，没有矛盾与争执。

然而，无论这段关系看起来有多甜蜜，我们和伴侣是不可能永远避免矛盾与争执的。每一个人都带着原生家庭的影响进入亲密关系，由于成长经历、家庭环境的不同，我们与伴侣必然有很多迥异的理念、思想、生活习惯、处事方式等。在长期的共同生活中，这些个人差异注定会发生碰撞，产生矛盾，导致争执。事实上，美国心理学家约翰·戈特曼（John Gottman）博士和他的团队在跟踪研究了 3 000 多对美国夫妻的日常生活后发现，69% 的夫妻矛盾都是无法真正化解的，因为这些矛盾根植于夫妻双方不同的性格和思维模式之中，并不会轻易地被爱情所"感化"。

由此我们可以看到，与伴侣的矛盾与争执，在大多数情况下，其实是亲密关系中常见的"感冒发烧"。人生只若初见般的甜蜜和融洽，不可能持续存在于一段长期的亲密关系中。和谐、争执、和解，再达到和谐才是正常的亲密关系周期。而从争执到和解的过程，也为我们和伴侣带来了重新了解彼此的契机，暴露了原先掩盖在甜蜜爱情之下的问题与挑战，提醒我们应当及时调整自己来适应彼此的个体差异。有趣的是，正是因为婚姻与恋爱中这些不可预测的起起落落，我们才会更加为彼此着迷，就像坐过山车一般既惊险又刺激，让人欲罢不能。

不过，在接受亲密关系中矛盾与争执不可避免的同时，我们也需要知道"凡事有度，过犹不及"，这个"度"便是边界。正如亲子之间需要边界才能健康、和谐地相处，伴侣之间也是。边界的建立，在处理亲密关系中的矛盾与争执时尤其重要，它规定了我们能够接纳什么，不能够接纳什么，也决定了我们和伴侣之间的矛盾与争执是正常的"感冒发烧"，还是亲密关系终结的导火线。

建立亲密关系中的边界，与建立亲子边界的过程相似。我们首先应当明白，自己在婚恋中的边界在哪儿，然后把这些边界的存在清楚地表达给伴侣。比如，我们可以明确地告诉伴侣，虽然矛盾与争执不可避免，但是无论在什么情况下，我们都绝对不允许伴侣用摔东西、砸门等暴力方式发泄自己的情绪，更不允许伴侣使用肢体暴力。

如果在我们已经清楚表达了边界的情况下，伴侣依旧持续地、反复地，甚至无所顾忌地越过我们的边界，例如，在争执中总是摔门而去，甚至有肢体暴力的行为，那么，我们与伴侣之间的矛盾，就早已不是正常范围之内的个人差异，而是伴侣没有能力或者意愿尊重我们的边界。无论怎么努力经营，这样的亲密关系只会不断损伤我们的身心健康。长期缺乏边界的亲密关系，会发展成为一种共依赖关系，那就是一个人需要不断得到伴侣的肯定和依赖，才能找到自己的价值和自我意识。为了维持这种伴侣的依赖，处在共依赖关系中的个人会不惜牺牲自己的快乐和健康，来满足伴侣的需求，成为关系中的"殉道者"。

值得注意的是，亲密关系中的边界和亲子边界一样，是真我建立起来的我们与他人之间一道隐形的栅栏，给我们提供了与他人相处时的准则和界限。这道隐形的栅栏，不应该由于自己有多爱对方，或者对方有多爱自己就被冲垮、推后或者软化。作为独立自由的成年人，我们没有责任和义务去依赖或者庇护另一个成年人。因此，我们完全有权利，也有能力离开不尊重边界的婚恋对象，去追求更加健康美好的亲密关系。

不切实际的期待3："在好的亲密关系中，伴侣应该时时刻刻满足我所有的需求。"

儿时我们的需求，尤其是情感需求，常常被施与原生家庭之伤的父母忽视。长期求之不得的痛苦火焰，在内心烧出了一个需求空洞。我们极其渴望有人能够用源源不断的爱与滋养，为自己填满空洞。在亲密关系中，自然而然地，我们把这一重任寄托在了伴侣的身上。

这样的期待是自然的，但也是不切实际的。在健康的亲密关系中，我们的许多需求能在大多数时间被满足，但是没有一种需求能够时时刻刻被满足。作为不完美的凡人，我们和伴侣都会马虎大意，也都会自私软弱。总有些时刻，伴侣没有能力或意愿满足我们的需求，就像我们也无法保证能够时时刻刻满足对方的需求一样。随叫随到、完美贴心的恋人，只存在于网络小说和电影里。

同时，这种不切实际的期待也令亲密关系变得不平等。虽然已经离开了原生家庭，我们却并未真正独立起来，而是依然将所有的需求寄托于他人身上，这就使得自己又重新回到了"永恒的受害者"模式中。伴侣的一言一行，都会牵动我们的自我认知、价值感和自尊感。就算是拥有最甜蜜的恋情，我们也会越来越不满足，越来越焦虑。

伴侣提供的爱与滋养，是我们愈合原生家庭之伤路上的良好辅助，却不可能代替我们完成任何愈合的任务，也无法解开毒性羞耻感的荼毒。就算伴侣已经尽力满足了我们的各种需求，到最后，我们还是会感到："没错，他（她）现在对我很好，那是因为他（她）还没见到我内心的空洞。如果他（她）看到了，一定会离我而去。"毒性羞耻感带来的恐惧和担忧，使得我们在亲密关系中越来越"贪婪"，需要伴侣提供更多、更好的"证明"来安抚自己。我们内心的需求空洞不会因为伴侣的爱与滋养而消失，反而会越变越大，直到吞噬了亲密关系中的所有甜蜜和美好。

归根到底，作为独立成年人的我们只属于自己，不再属于父母，也不可能属于亲密伴侣。只有我们，才能够给自己提供源源不断的爱与滋养能量，也只有源于自我的爱与滋养，才能够填满内心的需求空洞。

放下了这些不切实际的期待，我们也逐渐走出了原生家庭的阴影。我们能够更加理性、诚实地看待自己的亲密关系，而不是把它当作弥补原生家庭之伤的工具。

寻找真实的亲密关系

在浪漫小说和电影里，常常宣扬一种叫作"真爱"的概念，有了真爱就有了美满的亲密关系。我小时候喜爱的迪士尼电影《美女与野兽》，就是其中的典型。受到诅咒的王子变成一头暴躁粗鲁的野兽，遇到了善良淳朴的贝儿。当贝儿与野兽意识到对方就是自己的真爱后，诅咒消失了。野兽又变回了风度翩翩的王子，和贝儿幸福地生活下去。

在这些浪漫的文艺作品中，"真爱"指的就是某一位白马王子或者白雪公主。一旦故事的主人公找到了这位"真爱"，生活中的一切问题都能迎刃而解——"从此，王子和公主永远幸福地生活在一起"。这让我曾一度相信，建立健康亲密关系的关键，就是找到那个"真爱"之人。

然而，生活中的亲身经历，以及心理咨询中的无数案例，让我从这王子、公主的美梦中惊醒。我看到，现实生活远比文艺作品更加复杂。许多人自以为的"真爱"，到头来却变成了"渣男"或"渣女"。人生没有剧本可以依照，我们也不是圣贤先知，怎么能够知道谁才是自己的"真爱"，谁又不是呢？

因此，**我认为，"真爱"并不是具体的某一个人，而是一段真实的亲密关系**。在这段关系中，我们和伴侣真心地付出，真诚地相处，真实地展现自我，既享受亲密关系中的甜蜜美好，也直面其中的磕磕绊绊。我们知道，真爱不是一切的解药，生活中的问题和困难不会因为爱情而消失，但是我们自信可以与伴侣携手共同面对这些问题，在相互扶持之下渡过难关。我们也知道，真爱不是一个白头到老的结果，而是一段明知道未来不可控，却依然勇敢付出真情和努力的过程。

这样的真爱听起来很美。然而，去哪里才能找到它呢？

感悟与接纳真我，是找到真爱的一切前提。真爱，贵在一个"真"字，它需要我们真诚对待伴侣，也需要我们真实展现自我。在真爱中，真我应是自由的、安全的、流动的：我们既能展现自己快乐、积极、美好的一面，也能暴露自己脆弱、伤痛、无奈的一角。只有在真我的引领下，我们才能够找到最志同道合的伴侣，与他（她）建立信任的、自然的、真实的亲密联结。

然而，在成长过程中，我们从未如此真实地与他人相处过。在人生最初的亲密关系——亲子关系中，面对施与原生家庭之伤的父母，我们不得不戴上一层"面具"，来适应无法接纳和尊重真我的家庭环境。

长大之后，若未能走上愈合之路，即便遇见了真爱，我们也会在它真实的本质面前退缩。在毒性羞耻感的影响下，我们以为真我既卑微又丑陋，只有戴上了"面具"才是值得被爱的。"面具"硬生生地阻碍了我们与伴侣的真实相处，极大地破坏了关系中的信任感和亲密感。我们会猜疑,伴侣爱的到底是我,还是我的"面具"?我们也会恐惧,万一不小心暴露了真我,会不会被伴侣抛弃?在亲密关系中,一旦开始患得患失,我们就不会愿意付出全部的真情与真心,也不敢更进一步地走入彼此内心。真爱,就这样与我们擦肩而过了。

因此,想要获得真爱,我们必须学会诚实地感悟与接纳真我。在愈合原生家庭之伤的道路上,通过积累内心爱与滋养的能量,我们能够允许自己释放曾经被原生家庭禁锢的情绪,也能够允许自己展现一些曾经被原生家庭呵斥的自我表现。真我便会在这过程中被慢慢地从面具之下解放出来,成为内心最宝贵、最诚实、最精准的自我感悟,引领我们找到真正能够尊重、理解、接纳真我的真爱。

这也是为什么真爱从来就没有配方。每个人的真我都是独一无二的,因此,每个真我寻找到的真爱也一定是独一无二的。我们是不可能通过看几本恋爱秘籍,上几次恋爱课堂,就能够找到属于自己的真爱。真爱是最"现实"的,它不要花言巧语、山盟海誓,它只要我们诚实地直面自己的内心,在亲密关系中勇敢地去体验、去经历、去实践。

如何摆脱"恋爱成瘾"

"从高中开始,我就没有单身过。"

来访者小米有些不好意思地告诉我,朋友都戏称她为

"不恋爱会死星人"。她的恋情常常在轰轰烈烈中开始，又在一地鸡毛中结束。然而，在失恋了两三天之后，小米就会把伤心抛在脑后，又满血复活地投入到下一段恋情中。

"对我来说，这些恋爱经历都是差不多的，我也不觉得自己真的爱过谁。但是，一旦进入'空窗期'，我就觉得心里特别空虚，找不到生活的乐趣和意义，所以我只好继续找人恋爱下去。"小米苦恼地说，"虽然理性上也知道这样'不走心'的恋爱对自己和对方都是一种伤害，但是我就像是上瘾了一样没有办法停下来。"

就像烟瘾和酒瘾一样，"恋爱成瘾"确有其事。它指的是**一个人强迫地、持续地渴求和追逐爱情，并且只能通过恋爱伴侣或者恋爱关系本身来获得自己的安全感和价值感**。不过，根据当代精神疾病的诊断标准，恋爱成瘾并不是一种心理疾病，而是一个人在亲密关系中体现的固有模式。

就像来访者小米形容的那样，恋爱成瘾者之所以会不断地谈恋爱，并不是因为自己有多爱对方，而是因为惧怕单身时的孤独与空虚。在日常生活中，他们常常被低自尊所困扰，渴望通过他人的关注和认可来获得自信。然而，在生活的其他方面（比如，在原生家庭中、在工作中、和朋友在一起时），他们又无法获得他人足够的、稳定的关注与认可。因此，一旦进入亲密关系，伴侣就变成了恋爱成瘾者自信心和自尊心的唯一来源。在亲密关系中，他们会表现得特别依赖对方，时刻渴望着对方的陪伴，不能尊重关系中边界的存在，也不能忍受关系中正常的波折与风险。

对于孤独与空虚的惧怕，也造成了恋爱成瘾者强烈的控制欲与占有心。他们会一直要求对方要尽可能多地投入恋情中，逼迫对方尽快给出承诺。但是，自己却始终与对方保持情感上的距离，不愿意展现真我，也不与对方进行深度交流。这就导致了他们的每段恋爱虽然轰轰烈烈，却毫不"走心"，分手了也不会难过太久。

那么，小米为何会对恋爱上瘾呢？

在与小米进一步咨询的过程中，我了解到，小米的父母常年在外地经商，而她一直寄宿在亲戚家中。无论是在父母这边还是在亲戚那边，小米都未曾获得足够的爱与滋养。原生家庭的情感忽视，造成了她内心的毒性羞耻感，使得她逐渐相信自己是不值得被关爱和重视的。而热恋期中对方的关注与呵护，对小米来说如同甘霖一般，让她深深沉醉其中。于是，恋爱成了小米对抗内心毒性羞耻感的唯一方式。

对恋爱成瘾者来说，恋爱对象是谁并不重要，重要的是恋爱关系中那种被呵护、被关注的感觉。成瘾者追求的恋爱关系，是有个人能够提供无条件的、无间断的爱与滋养，为自己弥补原生家庭造成的遗憾，换而言之，就是找到一个永恒的"好父母"。

然而，爱情的天性使然，恋爱初期的激情与甜蜜只是昙花一现。作为两个独立的成年人，没有人能够永恒地、无条件地、无间断地给另一个人提供爱与滋养。激情消散后，一段亲密关系必然会从热恋期走入平稳期，恋爱初期那种强烈的关注与呵护感也自然而然地趋于平淡。此时，恋爱成瘾者便会感到被对方"抛弃"或者"背叛"，他们会寻找各种办法，花费大量时间、精力和金钱，试图重燃热恋的感觉。压力之下，这段恋情很快就会被内耗到了尽头。如果，恋爱成瘾者意识不到，错的不是他们找的人，而是自己对于亲密关系的认知，那么他们只会继续在恋爱中屡战屡败。

在咨询过程中，小米逐渐意识到了恋爱成瘾与原生家庭之伤的内在联系，她着急地想知道，应该怎么做才能"戒瘾"。

我告诉小米，改善恋爱成瘾的第一步，是立刻停止奔向下一段恋情的脚步，即便已经处在一段恋情中，也应当暂停与对方的进一步交往。因为，恋爱成瘾者需要足够的时间、空间，以及清醒理智的头脑，来审视、评估过往恋情中的行为模式。暂停恋爱一定会带来孤独与空虚的感觉，因此，恋爱成瘾者需要足够的来自家人、朋友的陪伴与支持。如果暂停恋爱带来的是难以忍受的折磨，恋爱成瘾者则需要寻求心理咨询师、精神科医生等专业人士的帮助。

同时，小米也需要做好一定的心理准备，明白"戒瘾"一定是一件痛苦的事。这种痛苦并不仅仅来自她对恋爱求之不得的渴望,也来自她与内心毒性羞耻感的抗争。既然恋爱成瘾的罪魁祸首是未被正视的原生家庭之伤,那么,小米必须踏上愈合的道路,直面原生家庭之伤,发掘内心爱与滋养的力量,接纳真实的自我,才可能获得由心而生的安全感和价值感,摆脱对于亲密关系的依赖。

经过几个月单身的煎熬之后,小米逐渐发现,"戒瘾"之路上承受的痛苦都是值得的。

"我开始懂得自己恋爱上瘾的根源。"小米说,"我现在才明白过来,源源不断的爱与滋养只来源于自己的内心,不可能从他人身上获得。只有用心与自己相处,才能遇见真爱。"

打破创伤传递的魔咒

"我很喜欢小孩,然而结婚多年却不敢要。"来访者查理说,"主要的原因,是我不知道自己能不能做一个好父亲。我担心自己会像父亲或者爷爷那样,给孩子造成痛苦和伤害。"

从小到大,查理深受父亲肢体暴力的伤害。他听家人说,父亲小时候也常被爷爷打骂。如今,看到父亲在爷爷面前唯唯诺诺又充满怨恨的样子,再想到自己面对父亲也是同样又怕又怒,查理感叹道:"暴力和恐惧,成了我们家族世代相传的'遗产'。我真的很害怕自己会把这'遗产'继续传递下去。"

想到养育下一代,许多遭受过创伤的成年子女都会像查理一样,担心原生家庭之伤的代际传递性。同时,就像查理希望自己能够成为好父亲一样,许多人也会油然而生一种使命感——那就是一定要打破创伤传递的魔咒,在属于自己的、崭新的家庭成长周期中,为孩子创建一个健全的原生家庭环境,让他们远离自己曾经历过的痛苦泥沼。

可喜的是,通过走上愈合之路,释放内心创伤,掌握爱的能力,我们完全可以打破原生家庭之伤的代际传递性,把爱与滋养传递给孩子,帮助他们开启幸福的人生。

然而,和许多人的担忧恰好相反的是,停止原生家庭之伤的传递并不意味着我们要成为不会犯错的"完美父母",因为这是不可能实现的目标,我们只需要做**"足够好的"**父母就可以了。

做"足够好的"父母意味着,在养育下一代的过程中,我们一定会犯错误,一定会失败,也一定会脾气失控,但是,比起施与原生家庭之伤的父母,已经走上愈合之路的我们可以坦然接受这些错误、失败和坏脾气。当张开双臂拥抱自己的不完美之后,原生家庭带来的毒性羞耻感就消失了。我们不会为了遮掩自己的错误与失败,而做出更多伤害孩子的行为。我们也不需要在孩子面前,时时刻刻戴着"权威家长"的面具。我们可以勇敢地直面自己的弱点与失败，坦诚地向孩子道歉，真挚地恳请他们的原谅，并且在孩子、伴侣的帮助下一起寻找改进办法。

同时，因为能够接纳自我的不完美，我们也就能够接纳孩子的不完美。我们理解孩子成长过程中出现的错误、失败、缺陷等，都是他们宝贵真我的一部分。我们不仅不会为其感到羞耻，反而懂得去欣赏这些不完美的儿童天性。我们会为了孩子天马行空的想象而惊喜连连，也会为了孩子充满稚气的言语而开怀大笑，更会为了孩子对自己深深的依赖而倍感牵挂。

一旦放弃成为"完美父母"的迷思，育儿的过程就变成了我们充分发掘内心爱与滋养的契机，与愈合原生家庭之伤的道路相辅相成，在属于自己的核心家庭成长周期中打破创伤传递的魔咒。

掌握爱的能力

正如第 3 章所说，爱是一种能力，而不是天赋。父母对子女的爱亦是如此。我们每个人的心里都有块情感电池，只有这电池里充满爱的电量，我们才能对孩子输出爱和滋养。然而，如果这电池中充满了创伤，那么我们能带给孩子的，必然也只有怨愤和痛苦。在原生家庭中，我们看到了父母由于时代、家庭和个人的局限性，缺乏渠道释放创伤电量，也没有空间获得爱的电量。逐渐地，他们丢失了部分或全部爱我们的能力。

因此，掌握爱的能力的第一步，就是走上愈合之路，释放原生家庭带来的创伤，发掘内心爱与滋养的力量。只有先学会了如何爱与滋养自己，我们才可能把这种力量延伸到孩子身上。不懂得如何爱自己的父母，情感电池中的爱之电量必然是枯竭的。他们对孩子输出的不是爱与滋养，而是原本应该属于自己的价值感、人生希望和情感寄托，这势必造成父母与孩子陷入共依赖关系之中——父母只有通过孩子的依赖，才能感受到自己的价值感和存在感；而孩子不得不承担起父母的情感重压，抑制天性的自由发展。因此，想要为孩子创造一个健康美好的原生家庭环境，作为父母的我们首先应当踏上自我愈合之路。

当重新发掘和感悟到内心的力量后，下一步我们需要做的，就是向孩子输出这股爱之电量。

这听起来容易，做起来却很难。有时，父母努力输出的爱之电量，却始终未能到达孩子的心里。许多遭遇父母情感忽视之伤的成年子女，常常在回忆往事时发现，虽然父母尽心尽力地照顾自己的生活起居，但是由于父母无法提供自己所需的情感支持、认可和关注，他们还是完全感受不到父母的爱。渐渐地，这些子女只能向父母关闭心门。虽然成年之后，有些人能够体会到当年父母的一番苦心，但是在成长过程中，情感忽视的伤痛已经造就，亲子之间的裂痕也已经形成。

"父母很爱我，但我感觉不到"——这样遗憾的亲子状态，说明了未成年子女与父母相处中非常重要的一点，那就是**孩子需要的爱与滋养是直接的、具体的、明了的**。由于认知发展的局限性，孩子很难从生活琐事中感悟出父母的爱与滋养。因此，当输出内心的爱之电量时，我们一定要考虑自己的输出方式是否是孩子需要的，是否是符合孩子心智发育阶段的，是否能直达孩子内心。

表扬孩子，就是一种积极有效的对孩子输出爱之电量的方式。每个孩子在成长过程中，都渴望父母的关注与认可。经常表扬孩子做得好的地方，正是向孩子表明我们在密切地关心着他们的进步与成长，也直接具体地告诉了孩子我们的认可与肯定。

在家庭心理咨询中，一谈到表扬孩子，有些父母就向我抱怨："我不是不想表扬孩子，而是孩子不给我机会。做什么事情都要我操心，根本找不到可以表扬他（她）的地方。"

然而，在我看来，找不到可以表扬孩子的地方，并不是孩子太调皮捣蛋了，而是父母爱的能力受到了损伤。原生家庭之伤带来的自我批判之声，会从我们的心里延续到孩子的身上，使得我们只能看到孩子的缺陷与不完美，不懂得欣赏孩子的天性特质。

为了恢复爱的能力，我们应当积极地训练自己，在日常生活中发掘孩子值得表扬的地方。我们可以花一周的时间，仔细观察孩子的言行举止，每天寻找并记录十件我们认为孩子做得好的地方。这些值得表扬的言行举止可以是非常微小的。比如：当我们下班回家的时候，孩子冲我们一笑；早晨的时候，孩子喝下了一整杯牛奶……这些值得表扬的言行举止也可能是有瑕疵的，孩子帮助我们洗碗，却失手砸了盘子，而我们应该注意到并且记录下来的，是孩子帮助我们做家务的努力，而不是被砸碎了的盘子。俗话说，熟能生巧。我们越训练自己，就越容易在生活中捕捉到孩子做得好的地方，心中的批判之声也会越来越弱，让位给由心而生的对孩子的欣赏与感激。

那么，在观察到了孩子值得表扬的行为后，我们下一步需要做的就是"科学地"表扬孩子。

没错，表扬孩子也是一门技术活，只有掌握了正确的方式，我们的表扬才会化作爱与滋养直达孩子的内心。从小到大，在施与原生家庭之伤的父母面前，我们很少获得表扬，更不知道什么才是"科学地表扬"。面对孩子的好表现，我们顶多会说一句"好孩子""真聪明""你真乖"……

然而，这样泛泛而论的表扬是缺乏力量和效果的。因为我们并没有清楚地告诉孩子，父母为什么要表扬他（她），也没有帮助孩子明确什么样的言行举止是值得表扬的。同时，这样的表扬也把重点过多地集中在了孩子本身的性格特质上，是一种"对人不对事"的表扬方法。这便会让孩子产生以偏概全的误解：做对了一件事，我在爸爸妈妈眼里就是个"好孩子";那反过来,如果做错了一件事,我会不会就是个"坏孩子"了?

所以,最科学的表扬方法是"对事不对人",即表扬孩子的具体行为,而不是表扬孩子本身的性格特质。比如,我们可以说,"你把房间都整理好了,真是帮了我的大忙,谢谢你!""看到你努力地把这些数学题都完成了,妈妈为你感到骄傲!""你为爸爸拿了拖鞋,让爸爸感到很温暖,谢谢!"这既告诉了孩子什么是值得父母表扬的言行举止,又不会让孩子对自身的性格特质骄傲自满或者自怨自艾。

为了增加表扬的力量,我们还可以在表扬之前加上孩子的名字,比如我们可以说:"杰森,你把房间都整理好了,帮了我一个大忙,谢谢你!"相信我,每个孩子都喜欢听到父母在表扬的时候提到自己的大名,这会让他(她)感到自己的重要性,也会更加相信父母的表扬出自真心。

培养孩子的边界意识

家庭成员之间健康合理的边界,是健全家庭环境中必不可少的要素。因此,我们不仅需要与父母建立边界,还需要与孩子建立边界。在建立边界的过程中,我们以身作则地教会了孩子应该如何理解和尊重自己的边界,以及如何理解和尊重他人的边界。

在社会新闻、网络论坛中常看到的"熊孩子",大多数都是不懂得如何尊重自己与他人边界的孩子。由于一直在侵犯其他小朋友的边界、老师的边界、家长的边界，甚至是社会规范的边界，这些"熊孩子"在任何地方都不受欢迎。我们当然不希望自己的孩子变成这样。

如果我们的孩子能在原生家庭就培养起清晰的边界意识，长大以后，他们就更能理解和尊重各种各样社会、集体、人际交往的"游戏规则"，更容易成功地与他人合作和交往。同时，这些边界感清晰的孩子也能更好地保护自己。因为明白每个人的边界都不可侵犯，所以，这些孩子对可能侵犯自己边界的行为或者人物怀有更多的警惕之心。当有人确实侵犯到边界时，他们也更愿意站出来捍卫自己的合理权益，积极地寻求其他人的帮助和支持。

那么，作为父母，我们怎么样才能在原生家庭中培养孩子的边界意识呢？

首先，我们必须明白，什么是自己与孩子之间的边界。与其他人的边界一样，它是我们与孩子之间一道隐形的栅栏。它规定了什么是孩子应该做的事情，什么是我们应该做的事情。通常在家庭中，我们可以称它为"家规"。

其次，我们需要让孩子意识到边界的存在以及理解它的重要性。对于年幼的儿童来说，帮助他们先去认识物理边界是很好的启蒙教育。我们可以教育孩子，无论在什么年龄，身体、个人空间和物品都是属于他们自己的，未经许可，别人（包括爸爸妈妈）不能够随意地触碰。比如，如果有人想要抱你、亲你或者抚摸你，但是你并不喜欢，那你完全有权利向那个人说不。如果那个人不停止，他（她）就在侵犯你的边界，你应当立即向信赖的大人求助。

同样地，别人的（包括爸爸妈妈的）身体、个人空间和物品也是属于别人的，未经别人的许可，你也不可以随意地触碰。比如，就算在你非常生气或者伤心的时候，未经他人的许可，也不能去破坏别人的东西，更不能动手打别人，否则就算侵犯了别人的边界，需要承担一定的后果。

在孩子熟悉了物理边界之后，我们便可引入心理边界的概念。我们与孩子共同制定的一些家庭纪律和行为规范，就是心理边界。比如，孩子需要遵守我们商议好的起床时间、玩具收纳规则、学习习惯、人际交往礼仪等。

这里特别强调的是，这些边界最好是我们与孩子一起商定的。在家庭心理咨询中，我发现，如果家长允许孩子参与到家庭纪律与行为规范的制定中，孩子就更有可能去遵守这些规则。这是因为，参与的过程让孩子感受到了被尊重、被理解的滋味，也帮助孩子理解为何要制定这些规则。比如，当规定孩子的起床时间时，我们可以与孩子一起决定出门上学的时间，列出从起床到出门之间需要做的事情，估算每件事情需要花费多长时间，然后倒推出孩子应该起床的时间。

作为父母，我们虽然尊重孩子发展的独立性，但是我们也需要明白，由于孩子未成熟的天性，他们缺乏能够独立决定自己生活的能力。因此，家庭边界对于孩子的成长至关重要。它为孩子的成长围上了一圈"安全围栏",让孩子能够在安全、稳定的环境中自由探索。同时,家庭边界也应当随着孩子成长阶段的发展而改变,当孩子越来越懂得事理、越来越有自己的看法与理念时,家庭边界也应该随之变得越来越灵活和宽松。最终,当子女成年后,家庭边界也就变成了成年子女与父母之间的边界。

最后,在孩子意识到家庭边界的存在以及其重要性之后,我们要明确地告诉孩子,如果孩子打破了边界会有什么样的后果。

没有后果的边界等于形同虚设。设立打破边界的后果并不是为了平息父母的怒火,也不是为了惩罚孩子的错误,而是为了让孩子意识到边界的重要性,以及督促孩子为自己的行为负责。但是,实施后果的前提是,在与孩子共同制定边界的时候,我们就已经与孩子明确了打破边界的后果是什么。如果没有提前明确就直接让孩子承担后果,反而会让孩子感到非常迷茫,引起对父母强烈的不信任感,以及对自己行为的毒性羞耻感。

"可是我家孩子根本不在乎后果啊,总是屡教不改,我该怎么办?"在家庭心理咨询中,有家长苦恼地问我。

我发现,后果也有有效、无效之分,如果家长总是对孩子使用无效的后果,那么边界依然形同虚设。有效的后果应当是"按比例分配"的,也就是说后果根据违反边界行为的严重程度来规定,而不是"一刀切"。比如,孩子迟到了一个小时回家,与半夜一点钟才回家的后果应该是不同的;孩子没有写作业,与没有写作业却撒谎的后果也应该是不同的。如果所有违反边界行为的后果都是一样的,那么孩子就会以为所有违反行为的严重程度都差不多:"既然我已经迟到了一个小时,不如就再迟到得久一些吧!"

此外,在家庭咨询中,我看到许多父母为了省事,所有违反边界行为的惩罚都是一种——收iPad,或者收手机。而当我和孩子交谈的时候,他们告诉我:"收就收呗,反正我都习惯了。"可见,总是用一种方法作为所有违反边界行为的后果,用不了多久,这种方法就会渐渐地不管用了。

"那该怎么办呢?我每天绞尽脑汁也想不出来各式各样、标新立异的后果啊!"家长们叹气道。

其实,有效的后果应该是与孩子的切身利益息息相关的,最好是孩子违反边界行为的"自然后果",而不是父母绞尽脑汁想出来的"人为后果"。"自然后果"是当孩子越界的时候,父母不为其遮掩弥补,也不人为地制造惩罚,而是让孩子在越界行为所造成的直接后果中去自己体验不快或痛苦,从而迫使其改正错误。比如,当孩子早上赖床的时候,我们可以告诉孩子:"你现在赖床十分钟,会让妈妈迟到十分钟,那自然,晚上妈妈就要多工作十分钟,这十分钟就要从妈妈陪你玩的时间里扣。你赖床赖得越久,扣的时间就越多。"又比如，当孩子不愿意写作业的时候，我们可以告诉孩子："你可以选择今天不写作业，爸爸不会逼你。但是作为学生，你没有完成自己的职责，明天你要自己去面对老师的责问，与其他同学的眼光。"这样的"自然后果"，会让孩子慢慢明白自己的越界行为，需要自己去解决，从小就学会承担责任、约束自己。

在与孩子设立好边界以及后果的同时，我们也必须做好心理准备，孩子一定会时不时地打破边界，不论他们看起来多么听话懂事，也不论我们多懂得育儿之道。既然我们不可能做完美的父母，孩子也不可能做完美的孩子。我们应当把孩子打破边界的行为看作亲子共同重新审视、回顾、改进家庭边界的一次良机。

如果我们已经和孩子商量好了边界，以及打破边界后的后果，当孩子做出越界行为后，我们不应该生气地责骂、惩罚孩子，而是应该告诉孩子："你知道我们之前商量好的家规是什么，你也知道这样的行为给你带来的后果是什么。"这就为孩子传达了一个明确的信息：你的行为，导致了你需要承担的后果，你需要为自己的行为负责。

最后，我们要坚定地督促孩子承担越界行为的后果。如果我们因为心软而妥协，或者被孩子说服了，将会极大地损伤我们作为家长的信任感和权威感，也会模糊了孩子好不容易培养起来的边界意识。渐渐地，孩子就不再愿意信任我们，也不再愿意相信边界的重要性。长大后，有些孩子会藐视社会的规则以及他人的边界，认为自己可以不择手段地弯曲和改变边界来达到自己的目的；也有些孩子会无视自己的边界，心甘情愿地默默忍受不尊重的待遇。

总　结 ·······

建立健康亲密关系的关键在于真实。我们只有诚实地面对真我，才能找到能与自己坦诚相对的伴侣。放下了不切实际的期待，我们可以更加理性、诚实地看待亲密关系，而不是把它当作弥补原生家庭创伤的工具。面对下一代，我们不必成为"完美的父母"。先学会如何爱与滋养自己，我们才能把爱的电量有效地传输给孩子。通过身体力行地设立家庭规则，我们培养了孩子重要的边界意识。我们的自我愈合之路将推动着新家庭成长周期的齿轮缓缓前进，打破原生家庭创伤世代传递的魔咒。

后记

我们的使命

比起父母,我们这一代人其实是很幸运的。我们生活在一个尊重个体价值、允许个人发展、理解个性独立的时代,有相对自由的空间和渠道,去审视、反省和挑战许多家庭的传统观念。

近几年来,社会舆论对于原生家庭的热议,赋予了我们勇气与知识直面原生家庭之伤。我们越来越意识到曾经发生在自己身上的伤痛,以及这些伤痛怎样影响了如今的自我看法、生活态度以及与他人的相处。通过网络、媒体、书本获取各式各样的信息,我们终于有机会来懂得自己。心理学知识的普及,以及心理咨询服务的涌现,也使得走上愈合之路变得不再那么遥不可及。只要我们愿意，就能够找到专业人士相助，以及志同道合的盟友的陪伴。

然而，这一切对于我们的父辈来说，都是想都不敢想的精神奢侈品。在那个连读国外小说都得靠手抄的年代，像"个体价值""家庭创伤""人际边界""自我分化"等"西式"观念，根本不可能存在于父辈的成长教育中。

伴随着国家的改革开放，我们这一代人在成长过程中有足够的机会与空间，吸取东方文化与西方文化的精髓。我们站在了父辈的肩膀上，眺望到了更远的世界。也正因如此，打破世代相传的家庭创伤，成了我们这一代人义不容辞的使命。

走上愈合创伤之路，不单单是为了我们自己拥有幸福健康的人生，也是为了家庭中下一代子女的健康成长。每一次坦然接纳自己的不完美，每一次感悟真我的引领，我们都在做出努力释放家族代代相传的创伤电量，为大家庭的成长发展积攒爱与滋养能量，推动新家庭成长周期的齿轮朝着幸福美满的方向更进一步。

同时，愈合创伤之路也会影响到每一个经过我们生命的人。因为经历过钻心的痛苦，所以懂得人生的艰难。当勇敢地直面自己的伤口与错失之后，我们就不再愿意轻易地去评判、怨愤、藐视他人的行为与人生。由己及人，我们明白每个人行为的背后，都可能包含着无可奈何的抉择；每段人生中，都可能蕴含着不为人知的苦难。孔子曰，己所不欲，勿施于人。我们愿意用更宽容、平等和尊重的心态，来面对他人与自己共同的人性，尽管有时这些人性是苦涩的、悲伤的、缺憾的。

作为一名立志投身于成长创伤领域的心理咨询师，也作为一名曾在原生家庭之伤的泥沼中苦苦挣扎的成年子女，我深深地感受到自己肩负的使命。我知道，每一分一秒，面对每一个人，在每一种场景中，我都有机会去选择，用爱与尊重来对待他人与自己，而不是将痛苦与伤害继续传递下去。

这就是我写这本书的初衷。

这是我选择肩负的使命，也可以是你选择肩负的使命。如果这世界上的你我都愿意承担起这一份使命，那么我们的孩子，甚至我们孩子的孩子，就更有可能生活在充满爱与滋养的大环境中。

"上帝爱只愿做自己，不愿做他人的人，
因此他创造了孩子。
也因此他在我们每个人的心中都留下了一个小孩。"

谨以此书献给天下所有经历过原生家庭之伤的人。

参考文献

第 1 章

[1] Pia Mellody, Andrea Wells Miller, J. Keith Miller. Facing Codependence: What It Is, Where It Comes from, How It Sabotages Our Lives[M]. New York: Harper Collins, 2003.

[2] 琳赛·吉布森. 不成熟的父母 [M]. 魏宁, 况辉, 译. 北京: 机械工业出版社, 2017.

[3] 约翰·布雷萧. 回归内在: 与你的内在小孩对话 [M]. 呼和浩特: 内蒙古人民出版社, 1999.

第 2 章

[1] John Bradshaw. Healing the Shame that Binds You（Recovery Classics）[M]. Florida: HCI, 2005.

[2] 巴塞尔·范德考克. 身体从未忘记 [M]. 李智, 译. 北京: 机械工业出版社, 2016.

第 3 章

[1] Monica McGoldrick, Betty Carter, Nydia Garcia-Preto. The Expanded Family Life Cycle: Individual, Family, and Social Perspectives [M]. 4th ed. Boston: Allyn and Bacon, 2010.

第 4 章

[1] Peter A. Levine. Healing Trauma : A Pioneering Program for Restoring the Wisdom of Your Body[M]. Boulder : Sounds True, Inc, 2008.

[2] Steven Farmer. Adult Children of Abusive Parents : A Healing Program for Those Who Have Been Physically, Sexually, or Emotionally Abused[M]. New York: Ballantine Books, 1990.

[3] 戴维·伯恩斯. 伯恩斯新情绪疗法Ⅲ [M]. 李亚萍, 译. 北京: 科学技术文献出版社, 2018.

[4] Paul Gilbert. Compassion Focused Therapy[M]. New York : Routledge, 2010.

[5] 欧文·亚隆. 给心理治疗师的礼物 [M]. 张怡玲, 译. 北京: 中国轻工业出版社, 2015.

第 5 章

[1] 苏珊·福沃德. 中毒的父母 [M]. 许效礼, 译. 沈阳: 辽宁教育出版社, 2003.

[2] Kristin Neff. Self-Compassion: The Proven Power of Being Kind to Yourself [M]. New York: HarperCollins Publishers, 2011.

后记

[1] Steven Farmer. Adult Children of Abusive Parents : A Healing Program for Those Who Have Been Physically, Sexually, or Emotionally Abused[M]. New York: Ballantine Books, 1990.

原 生 家 庭

《母爱的羁绊》
作者：[美]卡瑞尔·麦克布莱德 译者：于玲娜

爱来自父母，令人悲哀的是，伤害也往往来自父母，而这爱与伤害，总会被孩子继承下来。
作者找到一个独特的角度来考察母女关系中复杂的心理状态，读来平实、温暖却又发人深省，书中列举了大量女儿们的心声，令人心生同情。在帮助读者重塑健康人生的同时，还会起到激励作用。

《不被父母控制的人生：如何建立边界感，重获情感独立》
作者：[美]琳赛·吉布森 译者：姜帆

已经成年的你，却有这样"情感不成熟的父母"吗？他们情绪极其不稳定，控制孩子的生活，逃避自己的责任，拒绝和疏远孩子……
本书帮助你突破父母的情感包围圈，建立边界感，重获情感独立。豆瓣8.8分高评经典作品《不成熟的父母》作者琳赛重磅新作。

《被忽视的孩子：如何克服童年的情感忽视》
作者：[美]乔尼丝·韦布 克里斯蒂娜·穆塞洛 译者：王诗溢 李沁芸

"从小吃穿不愁、衣食无忧，我怎么就被父母给忽视了？"美国亚马逊畅销书，深度解读"童年情感忽视"的开创性作品，陪你走出情感真空，与世界重建联结。
本书运用大量案例、练习和技巧，帮助你在自己的生活中看到童年的缺失和伤痕，了解情绪的价值，陪伴你进行自我重建。

《超越原生家庭（原书第4版）》
作者：[美]罗纳德·理查森 译者：牛振宇

所以，一切都是童年的错吗？全面深入解析原生家庭的心理学经典，全美热销几十万册，已更新至第4版！
本书的目的是揭示原生家庭内部运作机制，帮助你学会应对原生家庭影响的全新方法，摆脱过去原生家庭遗留的问题，从而让你在新家庭中过得更加幸福快乐，让你的下一代更加健康地生活和成长。

《不成熟的父母》
作者：[美]琳赛·吉布森 译者：魏宁 况辉

有些父母是生理上的父母，心理上的孩子。不成熟父母问题专家琳赛·吉布森博士提供了丰富的真实案例和实用方法，帮助童年受伤的成年人认清自己生活痛苦的源头，发现自己真实的想法和感受，重建自己的性格、关系和生活；也帮助为人父母者审视自己的教养方法，学做更加成熟的家长，给孩子健康快乐的成长环境。

更多>>>

《拥抱你的内在小孩（珍藏版）》 作者：[美]罗西·马奇-史密斯
《性格的陷阱：如何修补童年形成的性格缺陷》 作者：[美]杰弗里·E.杨 珍妮特·S.克罗斯科
《为什么家庭会生病》 作者：陈发展